# 東茶頌 註解

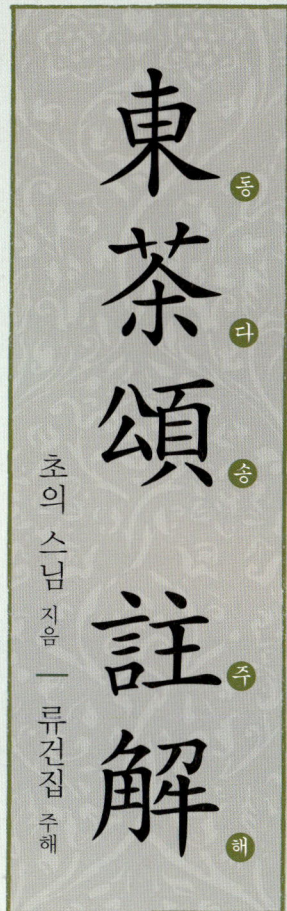

# 東茶頌 註解

동다송 주해

초의 스님 지음 ― 류건집 주해

이른아침

▲ 초의(艸衣) 선사
작자 미상의 작품으로 공인박물관이 소장하고 있으며 49×83.5cm의 크기다.

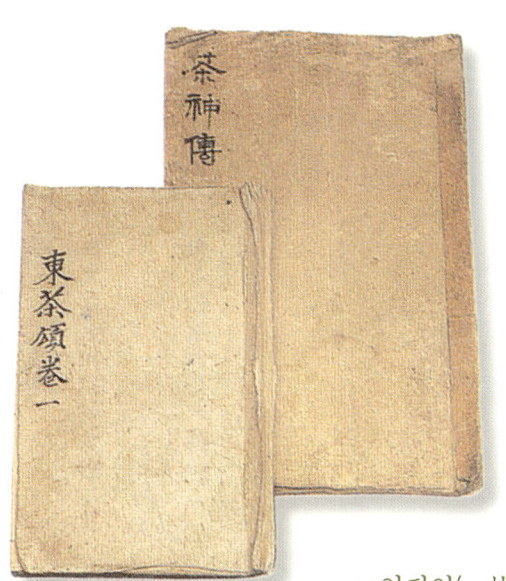

◀ 『동다송(東茶頌)』과 『다신전(茶神傳)』
초의 선사는 『동다송』과 『다신전』을 지어 우리 차의 우수성을 노래했다.

▼ 일지암(一枝庵)
초의 선사가 1824년, 그의 나이 39세 때 창건한 곳으로 한때 소실되었으나 1976년에 복원했다.

▲ 대흥사(大興寺)
초의 선사가 주석하면서 『동다송』과 『다신전』을 펴낸 절로,
18세기 우리 차의 부흥을 이끌었던 곳이다.

▶ 초의 선사 부도비
초의 선사가 주석했던 대흥사에 세워져 있다.

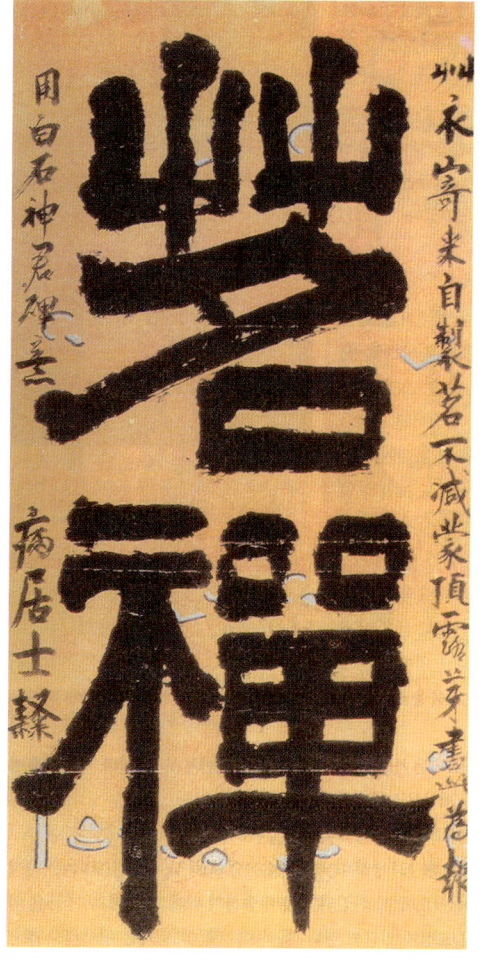

▲ 명선(茗禪)
추사 김정희가 초의의 차 선물에 대한 보답으로 써준 글씨로, 다선일여(茶禪一如)를 의미한다.

◀ 초의 선사 다신탑비
초의 선사가 칠불암에서 『다신전』을 저술한 것을 기리고자 세운 것이다.

## 머리말

우리 문화의 중요한 부분을 차지하는 차(茶)는 정신사에 끼친 영향이 막대한 데 비해 그 가치를 제대로 인정받지 못하고 있다. 문화 예술이나 농업 진흥 분야에서 차 문화에 대한 인식은 아직도 여전히 부족하고 정책 입안자들 중 차 전문가는 전무하다시피 하다. 이러한 현상은 과거에도 크게 다르지 않아, 우리 선조 차인들도 선각 몇 분을 제외하고는 지금과 비슷했다. 차인 자신은 차 생활을 즐기면서도 차의 산업이나 유통엔 관심을 가지지 않고 오직 기호적인 면에만 몰두했다.

지금도 고고학을 전공하는 사람들, 특히 도자기나 회화 분야 전문가들까지도 우리 차 문화를 올바로 이해하는 사람은 극히 드물다. 그러니 문화유산 중 차에 관한 기물(器物)을 술 쪽에다 붙이고, 심지어 찻잔을 술잔이나 국그릇으로 생각하는 어처구니없는 일이 생기는 것이다.

어느 나라나 역사기록물을 잘 보관하기란 힘들지만, 특히 우리는 지난날의 것들을 보관하고 계승하는 데 서툴렀다. 그 예로 삼국시대의 역사 기록인 『신집(新集)』, 『백제서기(百濟書記)』, 『국사(國史)』 중 단 한 권도 전해지지 않는다. 차에 관한 기록도 여럿 있었으련만 현재 전하는 것은 『다부(茶賦)』, 『도다변증설(茶茶辨證說)』, 『기다(記茶)』, 『가오고략(嘉梧藁略)』, 『동다송(東茶頌)』 등 손꼽을 정도의 것들뿐이다.

그중에서도 『기다』와 『동다송』은 우리 차에 관한 내용을 담아서 각별히 취급된다. 특히 『동다송』은 형식이 산문이 아닌 운문 형태이기 때문에 문학성을 인정받는 귀중한 자료다. 또한 시대와 저자가 확실하여 당시 사회의 다풍(茶風)과 다사(茶事)를 유추할 수 있고, 뛰어난 차인들이 향

유한 정신문화의 정치(精緻)한 면모를 읽을 수 있다. 또 선(禪)과 차의 정신적인 면을 강조하고 시도하던 당대의 풍조를 잘 반영한 차 전문가 초의가 썼기에 『동다송』은 더욱 가치 있는 유산이다.

필자는 『동다송』을 1970년대 말에 태평양에서 펴낸 것을 통해 처음 접했다. 그 후 여러 번 읽고, 해석한 자료들을 보았지만, 아직도 풀리지 않는 곳이 많아 강의할 때마다 적지 않게 곤혹스러웠다. 그냥 넘길 수 없어서, 먼저 연구한 분들의 자료들을 참고하고 그 내용들을 비교해 서로 다른 부분은 바로잡고, 부족하거나 잘못된 부분은 보충했다.

고전(古典) 주석(註釋)의 어려움은 판본(板本)들이 많고, 그 전사(轉寫) 과정에 오류가 생겨서 상고(詳考)하기 힘든 것이다. 고전 원본 자체가 오탈자 없이 바르게 전하지 않아, 이본(異本)이 생기고 필자의 의도와 상관없이 해석되는 경우가 비일비재하다. 따라서 연구하고 추리하여 쓴 사람의 본래 의도를 살리는 것이 주석자(註釋者)의 책무이다. 더구나 작품이 시 형식이기 때문에 일반적인 산문과 달리 생략이나 비문(非文), 혹은 전의(轉意) 등이 적지 않아 더욱 신경 써야 한다.

『동다송』 원고를 정리하고 나니 스스로 대견하기도 하고 불만스럽기도 하다. 하지만 최선을 다했으니 후회는 없다. 여러 자료를 제공하여 준 동학들과 어려운 여건에서도 흔쾌히 상재해 준 도서출판 이른아침의 김환기 사장 및 사원 일동에게 감사드린다.

무자(戊子) 현월(玄月)
운수산방(雲水山房)에서
서산(曙山) 지(識)

## 차례

머리말 ································································· 08

# 제1장 초의와 『동다송』

제1절 『동다송』이란? ································································ 15
제2절 초의 차 문화의 시대 배경 ············································· 17
제3절 초의와 교유한 차인들 ····················································· 28
    1. 다산 정약용 ································································ 28
    2. 아암 혜장 ···································································· 42
    3. 자하 신위 ···································································· 46
    4. 추사 김정희 ································································ 66
    5. 해거도인 홍현주 ························································ 74
제4절 초의 연보 ········································································· 80
제5절 『동다송』의 판본 및 출전 ··············································· 83

## 제2장 『동다송』 주해

『동다송』 주해 ·············································· 89

〈부록〉 ························································· 352
『동다송』 주해를 마치며 ······························ 368
『동다송』 원문 ❶ — 『다송자본』 ················· 372
『동다송』 원문 ❷ — 『경암본』 ···················· 376
참고문헌 ······················································ 385
찾아보기 ······················································ 389

# 제 1 장 초의와 동다송

# 제1절 『동다송』이란?

『동다송(東茶頌)』은 초의(艸衣)[1]가 1837년 정유년(丁酉年)에 완성한 차에 관한 글이다. 전해오는 각종 다서(茶書)들에서 관련된 부분들을 뽑아 인용하고, 말미에 우리 차에 관한 내용을 붙인 시 형태로 이루어졌다.

『동다송』은 정조(正祖)의 부마(駙馬)로 서울에 살던 홍현주(洪顯周)가 진도부사(珍島府使) 변지화(卞持和)로 하여금 초의에게 차에 관해 하문(下問)하게 한 것이 집필 계기가 되었다. 초의는 『동다송』을 완성하고 그 사이의 경위(經緯)와 자신의 심경을 편지에 담아 홍현주에게 보냈다. 흔히 이때 해거가 차에 대하여 아무것도 모르고 초

---

[1] 자(字)는 중부(中孚), 법명(法名)은 의순(意恂), 호(號)는 초의(艸衣), 해옹(海翁), 해사(海師), 해노사(海老師), 일지암(一枝庵), 우사(芋社), 자우(紫芋).

의에게 물었다고 보는 견해가 있으나, 그것은 잘 모르고 하는 말이다.[2] 그의 집안은 대대로 내려오는 차의 명가였기 때문이다.

『동다송』의 원래 제목은 『동다행(東茶行)』이었으나 20세기 초에 들어서면서 행(行) 대신 송(頌)이라 불렀다. 일설에는 초의가 살았을 때부터 송(頌)으로 썼다는 주장도 있다. 행(行)은 악부시(樂府詩)의 한 형태로 보조(步調)가 완급(緩急)하여 체류(滯留)하지 않고, 내용적으로는 「공작동남비(孔雀東南飛)」 같이 역사적 사실이나 설화를 담고 있다. 이에 비해 송(頌)은 육의(六義―賦, 比, 興, 風, 雅, 頌)의 하나로, 의례(儀禮)에 사용하는 송덕(頌德)의 장엄함을 곁들인 시 형태다. 그러므로 이 글을 좀더 격상시키기 위해 송(頌)으로 칭했으리라 본다. 이런 노력은 1830년 장원(張源)의 『다록(茶錄)』을 인용한 『만보전서(萬寶全書)』를 모사(模寫)하여 『다신전(茶神傳)』이라 한 것과 같은 맥락이다. 『동다송』의 '동다(東茶)'란 '우리나라의 차'라는 의미다.

우리 차에 관한 기록이 희귀한 상황에서 『동다송』은 더 말할 나위 없이 소중하고 큰 역사적 의미를 지닌다.

---

[2] 『한국차문화사』(이른아침, 2007) 하(下)권 311~320쪽 참고.

## 제2절 초의 차 문화의 시대적 배경

임병(壬丙) 양란(兩亂)을 치르는 동안 조선의 피해는 실로 심각했는데, 특히 농촌의 전답과 인적 피해가 우심했다. 이러한 어려운 상황은 영조 때에 와서 어느 정도 회복되었으니, 이는 균역법(均役法)에 힘입은 바가 크다.

17, 18세기 농업은 토지 개간과 거름주기, 새로운 농기구의 발명과 함께 특히 이앙농법(移秧農法) 개발 덕분에 어느 정도 제자리를 찾았다. 거기에 지주들과 소작농 사이의 팽팽한 평행적 관계가 유지되면서 농업은 더욱 발전했다.

만약 다농(茶農)들에게도 이와 같은 평행적 관계가 이루어졌더라면 종다(種茶), 양다(養茶), 제다(製茶) 등의 기술 분야와 동반하여 요업(窯業) 분야가 크게 발전했을 것이다. 차 생산이란 상당 부분 전문적인 것으로, 일반 농민들과는 다르게 다농은 세금 형태의 공다(貢茶)를 해야 했기에 그 어려움이 컸다. 이에 관해 다산(茶山)은 『경세유표(經世遺表)』「각다고(榷茶考)」에서 중국에서 그때까지 행한 다세(茶稅)에 관해 설명하면서 "무릇 세금을 부과하는 자는 먼저 나라의 쓰임을 생각하지 말고, 오로지 하늘의 이치를 헤아려 백성들의 부담 능력을 생각해야 한다. 모든 백성들이 감당하지 못하게 되면 곧 하늘이 이를 허락하지 않는 법이니, 털끝만치도 그보다 더 부과해서는 안 된다[凡制賦稅者 勿先計國用 惟量民力揆天理 凡民力之所不堪 天理之所不允 卽毫髮不敢加焉於是]"고 했다.

당시 사신들의 왕래에 차 상당량이 공식적으로 오가고, 부족한 것은 수행하는 상인들을 통해 거래되어 다른 상품과 함께 들어오기도 했음을 『통문관지(通文館誌)』를 통해 알 수 있다. 또 중국에 간 우리 사행(使行)들에게 일정량의 차를 조참이나 하정 때 내렸는데, 이 시기에 이르면 중국의 차 인심도 각박해져서 내리는 양이 줄어들었다. 임진왜란 후 일본과 국교가 회복되면서 사신을 접대할 때 동래부에서 다례를 행하는 등, 왕실이나 공식적 의례에서 차의 수요가 줄지는 않았지만 전란 전에 비해 민간의 차 생활은 많이 위축되었다.

오랫동안 난리를 겪으면서 일반 다농들은 무거운 세금 부담 때문에 생계가 어려워져 그 수가 얼마 남지 않게 되었다. 차 생산자들이

충분한 양의 차를 만들지 못하니 수요에 비해 차가 턱없이 모자라는 실정이었다. 그래서 사찰에서는 차를 자급자족했고 차 애호가들은 차를 얻는 데 큰 어려움을 겪었다. 그 결과 차인들 상당수는 중국차와 일부의 토산차로 차 생활을 영위하게 되었다. 추사(秋史)가 권돈인(權敦仁)에게 보낸 글에서 "자신의 글씨를 좋아하는 남쪽 사람들에게 글씨를 써주면 차를 구할 수 있을 터이니 심려하지 말라"고 한 것만 보아도 당시에 차를 구하기가 얼마나 어려웠는지를 짐작할 수 있다.

18세기 말 이덕리(李德履)는 『기다(記茶)』에서 "평민들 사이에서 차는 거의 기호음료로 생각되지 않는다"고 하여 차가 부족한 현실을 전했다. 조선 초기의 점필재(佔畢齋)나 중국의 사행을 따라온 양호(楊鎬)의 건의가 한 번도 시행되지 못했듯이 구체적인 차 생산에 관한 이덕리의 정책 또한 안타깝게도 빛을 보지 못했다. 발전적인 민족은 역사 속에서 교훈을 얻고 잘못된 전철을 밟지 않는 것이거늘, 오늘날까지 역사가 들려주는 교훈을 외면하고 선조들의 과오를 그대로 되풀이하고 있으니 앞날이 아득할 뿐이다. 특히 차 문화에 관한 정책은 더욱 그렇다.

임진왜란 후 시간이 흐르면서 그 상흔이 가라앉고 차 생산이 조금씩 늘어났으나, 궁중에서나 개인의 제의에서는 예전처럼 차를 쓰지 못하는 경우가 많았다. 비록 생산량이 적어 귀했지만 우리 차의 품질은 좋은 편이어서 외국인도 그 맛과 향을 높게 평가했으니, 양호의 진언(進言)이 그 예다. 우리 토산차는 산차 형태든 병차 형태든 외국 차에 뒤지지 않는 우수한 품질과 고유한 장점을 지녀, 당시 우리 차를 금(金)나라에 보낸 사실도 전한다.

양호 이전에도 점필재의 차 생산 진흥을 위한 실증이 있었고, 다산이 「각다고」에서 상술한 역대 중국의 다시책(茶施策)을 거울삼아 제도 개선과 생산 증진을 꾀해서 다농들을 안정시킬 수 있었다. 그럼에도 관료들의 정치적 비전이 부족하여 오직 이학(理學)과 예법(禮法)에만 골몰하다가 차 산업은 위기를 맞게 되었다. 1602년(선조 35)의 차 정책 모색, 1658년(효종 9) 암행어사 민정중(閔鼎重)의 행적과 보고, 이유원의 『임하필기(林下筆記)』, 미국 공사 딘스모어(Dinsmore)의 헌책(獻策), 1882년 청나라 이한신(李瀚臣)이 김창희에게 전달한 『조선부강팔의(朝鮮富强八議)』 등 역사상 차 산업을 살릴 계기는 여러 번 있었다. 하지만 안타깝게도 모두 기회를 놓치고 1883년, 1884년에 와서야 차나무 장려책을 쓰고 고종이 직접 전담 기구 설치를 명했다. 그러나 국운이 기울면서 그 결실을 맺지 못했다.

우리 차의 품질은 이미 고려의 이규보(李奎報) 같은 차인을 통해 우수성이 입증되었다. 조선 후기에 접어들면서 이덕리는 『기다』에서 우리 차의 좋은 점을 기록했고, 초의는 『동다송』에서 남쪽 스님들이 차를 자주 마시고 그 품질도 좋다고 했다.

초의는 시주(詩註)에서 『동다기』 중 일부를 인용하여 "혹 동다의 효과가 월주(越州)의 것에 미치지 못한다고 하는데 내가 보기에는 육안과 몽산의 장점을 두루 갖추었다. 이것은 육우나 이찬황이 지금 있다 하더라도 내 말을 인정할 것이다"라고 자신 있게 말했다. 지금도 남쪽의 일부 제다공장이나 선가에서 법제한 차들을 마셔보면 외국의 어떤 차도 가질 수 없는 방향(芳香)과 고아한 색, 그리고 청순(淸純)한 맛을 느낄 수 있으니, 초의의 말은 전혀 과장된 것이 아니다.

국가적인 행사, 특히 외국 사절을 맞이할 때나 묘당(廟堂) 또는 궁중의례에서 다례(茶禮)를 행할 때 소용되는 차는 자급(自給)했다. 뿐만 아니라 문인 일사(逸士)들의 시문을 봐도 음다 문화는 간단없이 이어졌다. 한때 국가 시책이 제례 때 철다진갱(撤茶進羹, 제사 때 차 대신 숭늉을 쓴다)의 방향으로 흘러 표면적으로는 개인 살림집이나 사찰에서 차를 쓰지 않았지만, 실제 생활에서는 차를 즐기던 이들이 상당히 많았다. 한편 궁중에서 쓰는 차의 양을 줄여야 한다는 건의가 있었지만 의례에는 차가 빠지지 않았다. 여러 난리 중에 차를 구하지 못했을 때는 대용차(代用茶)나 인삼탕(人蔘湯), 또는 물로 대신하기도 했다.

이때에 이르면 남자 다모(茶母)가 등장하고, 궁에는 상다(尙茶)를 두어 차에 관한 일을 맡겼다. 다모는 예전과 다르게 비녀(婢女)처럼 천하게 취급되어 사신을 수행하는 장졸들에게 배정되기도 했다. 차츰 움트는 새로운 학풍의 선비들도 차를 즐겼으니 순암(順庵) 안정복(安鼎福)도 그중 하나다. 또 연담(蓮潭)이나 지환화상(智還和尙) 같은 선승들도 차 정신을 지켜서 선가(禪家)의 차는 식을 줄 몰랐다.

전기의 좋은 다시(茶時)제도는 사헌부를 중심으로 후기에도 1882년 임오년(壬午年)까지 계속되었다. 『일성록(日省錄)』에 따르면 거의 매일같이 다시를 행했음을 알 수 있다. 나중에는 밤에 탐관오리의 집에 붙이는 '야다시(夜茶時)'라는 풍습이 생겨 부정한 관리에 대한 도덕적 책임을 물었다고 한다.

1876년 고종 병자년(丙子年)에 청사(淸使)를 근정전에서 접견한 때도 다례를 행했다. 즉 이때까지 일부에서 말하듯 다맥(茶脈)이 완전히 단절되어 불모의 시대를 거쳤다는 것은 사실이 아니다. 공식적이고 대외적인 행사에서 다례를 치른 데 비해 일반인의 제례나 사찰의 예불에 헌다의식이 명멸된 것은 사실이다. 그러나 선승들의 일상적이고 개인적인 기호음료로서 차의 흐름은 끊임이 없었다.

한편 일부 상인이나 농민들이 경제력을 가지면서 자연스럽게 사회 계층이 분화되어 신분 구조가 붕괴하기 시작했다. 중인이나 서얼

계층들도 차를 즐겼으니 '송석원(松石園)'이나 '경정산가단(敬亭山歌壇)'을 중심으로 사회에서 급격히 부상하여 활발히 활동하던 서민 문인들이 남긴 다시문(茶詩文)도 적지 않다. 이들이 지은 시에는 분울(憤鬱)한 감정이 고급문화로 표출되었다.

> 송림에 객산하고 다정(茶鼎)에 연헐(烟歇)커늘
> 유선일(遊仙一)에 천몽(千夢)을 늦이 깨니
> 어즈버 희황상세(羲皇上世)를 다시 본 듯하여라.
>
> —김천택

차를 즐기는 이들이 많았던 유형원(柳馨遠), 이익(李瀷), 정약용(丁若鏞)으로 이어지는 경세치용학파(經世致用學派)와 유수원(柳壽垣), 홍대용(洪大容), 박지원(朴趾源), 이덕무(李德懋)로 이어지는 이용후생학파(利用厚生學派)가 좋은 방향을 제시하고 방법도 말했으나 정책 입안자들은 불행히도 이들의 의견을 수용하지 못했다. 당시에 나온 몇몇의 저서에 차에 관한 기록들이 상당히 많은 것을 보면, 이 시기는 차 문화가 한층 발전할 수 있는 절호의 기회였다. 하지만 현실적인 여건 때문에 제도화에 이르기가 어려웠다. 차는 민생에 절대적으로 필요한 것이 아닌, 기호식품이었기 때문이다.

한편 겸재(謙齋) 정선(鄭敾), 단원(檀園) 김홍도(金弘道), 유수관도인(流水館道人) 이인문(李寅文) 등의 출중한 화가들이 실경산수를 중심으로 활동하면서 많은 다화(茶畵)를 그렸다. 관념적인 그림이 아닌 실생활을 소재 삼은 기록화를 지향한 그들의 다화는 당시 선비사회에서 차가 얼마나 뿌리 깊이 박혀 있는가를 잘 보여준다.

이즈음 차 문화를 꽃피울 인물들이 속속 태어났다. 박제가(朴齊家), 이서구(李書九), 정약용은 새로운 학문을 추구한 선비 차인으로 우리 다사(茶史)를 중요한 기점에 이르게 한다. 특히 다산은 신유박해 때 강진으로 유배되어 다산 기슭에서 지내며 아암(兒庵) 혜장(惠藏)을 만났고, 후에 초의를 만나 가르치며 그가 중앙무대로 진출할 수 있는 계기를 만들었다. 다산은 이덕리가 쓴 『기다』의 내용과 같은 다법을 자하(紫霞) 신위(申緯)를 비롯한 주변 사람들에게 전했다. 이 때에는 영수합(令壽閣) 서씨(徐氏)나 빙허각(憑虛閣) 이씨(李氏) 등 여류 차인들도 많았다. 다풍(茶風)이 아름다운 홍인모(洪仁謨) 등의 가정도 있었다.

정조의 개혁운동이 추진되면서 새로운 학풍이 진작되어 철학적인 이론보다 실제 생활과 직결된 일반 백성들의 생활 문제가 화두로 등장했다. 그 결과 유형원, 박제가, 박지원 등의 저작들이 새로운 문풍을 일으켰다. 특히 자하 신위는 시(詩)·서(書)·화(畵)에 선(禪)과 차를 결부해 하나로 조화시킨, 깊은 경지에 이른 태산북두(泰山北斗) 같은 참다운 차인이었다. 이런 차인들이 잇따라 출현한 18세기 후반은 우리 차 문화사에 뚜렷하게 족적을 남긴 중요한 시기였다. 국가적인 모든 의식에 한결같이 다례를 올렸고 개인의 차 생활도 여전히 행해졌으며 그 제도와 형식은 간결해지고 문화는 크게 꽃피웠다.

18세기 말은 우리 차 중흥의 주역들이 속속 등장하여 활발히 활동하는 시기다. 천주교 박해운동은 어쩌면 우리 차의 발전에 원인을 제공한 역설적인 측면이 있다. 다산이 유배되어 강진으로 가지 않았다면 찬란했던 19세기 초의 차 문화는 양상을 달리했을 수 있기 때문이다. 이렇게 역사의 진전이란 실로 예상치 못했던 순간에 발생한다.

한편 숙선옹주(淑善翁主)와 홍현주의 가례(嘉禮)로 홍씨 일가의 차 생활이 알려지면서 당대 명문가의 차 생활이 드높은 정신세계에 이르렀음을 보여준다. 무엇보다 차를 통한 모임의 운영이나 조직원들의 자세가 어떻게 되어야 하는가를 기록한 다산의 『다신계절목(茶信契節目)』은 차 정신과 사회의식을 담고 있다. 초의와 추사가 만난 것도 우리 차 문화의 한 장을 빛나게 한다.

한재(寒齋)가 『다부』에서 드높은 차 정신을 펼친 후 300여 년 동안 이렇다 할 다서가 나오지 않았다. 그러다가 1785년을 전후한 시기에 진도에서 유배생활을 하고 있던 이덕리가 차에 관한 기록인 『기다』

를 남겼다. 이것을 이제껏 다산이 썼다고 알려진 『동다기』라고 생각하지만 아직은 단정 짓기 어렵다. 이 시기에 초의가 『만보전서』에 나오는 『다록』을 옮겨 적은 『다신전』이 나왔으니, 차의 가장 보편적인 이론이 보급된 셈이다. 즉, 지금 말하는 이른바 초의 다법이 시작된 것이다. 이어서 나온 『동다송』은 대부분 기존 다서의 중요 부분을 발췌했지만 말미 부분에 우리 차의 장점과 올바른 차 정신에 관한 내용을 실어 우리 차 문화상 중요한 작품으로 평가된다.

이덕리는 『기다』에서 먼저 차의 경제적 가치와 교역의 중요성을 강조했고, 차 정책을 펼칠 것을 분명하게 건의했다. 그리고 1743년에는 무역선을 통해 거래되는 차를 사마실 수 있었다고 했다. 또 차는 거의 모든 병에 효험이 있다면서 구체적인 효능과 제다법, 다고(茶膏)와 황차(黃茶) 등에 관해 기록했다. 끝으로 「다조(茶條)」에서는 생산지 조사와 장려책으로 교육, 수매, 판매 등의 세부적인 방법을 제시하고 그 이익으로 국력을 신장할 수 있다는 큰 계획을 수립했다.

19세기 초를 다산을 비롯한 몇몇 차인들만 활동한 시기로 여기면서, 차의 명맥은 거의 끊어진 것처럼 바라보는 시각은 잘못된 것이다. 혹 조금씩 드러난 자료들만 보아도 차는 많은 부문에서 화두로 등장했고, 관련 지식 또한 깊었음을 알 수 있다. 『승상편년(陞庠編年)』에 실린 진사 남면중(南勉中)의 시문(詩文)시험에 응한 시에서 고저차(顧渚茶)와 남영수(南零水)가 등장하고, 고장옥설(枯腸沃雪)의 다성(茶性)도 나오는 것으로 미루어 차 문화의 정도를 짐작할 수 있다. 뿐만 아니라 이상계(李商啓)가 쓴 「초당곡(草堂曲)」에서 나온 '월하팽다(月下烹茶)'를 보면 차 애호가들이 차를 무척 즐겼고 이에 대한 사회적 인식도 상당히 좋았던 것으로 보인다. 다만 그 생산량이 적어서 중국차가 주류를 이룬 점과, 차가 서민들에게까지 널리 파급되지 못했던 점이 안타깝다.

# 제3절 초의와 교유한 차인들

### 1. 다산 정약용

정약용(丁若鏞, 1762~1836)은 실학자이자 차인으로 자(字)는 미용(美鏞), 송보(頌甫), 호(號)는 다산(茶山), 삼미(三眉), 여유당(與猶堂), 사암(俟菴)이며 세례명은 요한이다. 진주 목사 재원(載遠)의 아들이며 이승훈의 처남이다. 광주(廣州)에서 태어나 아버지에게 경사(經史)를 배우고, 『성호사설(星湖僿說)』을 읽고 이익(李瀷)의 학문에 심취했으며 이벽(李蘗)에게서 서학(西學)을 공부했다. 과거에 급제하여 벼슬했으나 천주교인이라 하여 해미(海美)에 유배되었다가 곧 풀려났다. 수찬(修撰), 경기암행어사, 동부승지, 병조참의 등으로 승차했으나 신유박해 뒤 유배되었다가 황사영 사건 때문에 강진으로 이배(移配)되었다. 그때 형 약전(若銓)도 멀리 귀양 가고 약종(若鐘)

은 옥사했다.

　1801년부터 강진(康津)에서 있다가 1805년에는 보은산방으로, 1806년에는 이학래의 집으로 옮겨 살았다. 그러다가 1808년 봄, 윤단의 산정(山亭)이 있던 다산(茶山)으로 거처를 옮겨 십 년을 지내게 된다. 그는 여기서 다산초당(茶山草堂)을 짓고 차를 마시며 학문을 닦고 저술에 전념했다. 해배된 1818년에는 고향으로 돌아와 양명학(陽明學)에 경도되었으며 홍대용, 박지원, 박제가 등의 북학파(北學派) 이론을 흡수하여 집대성하고, 퇴계(退溪)와 율곡(栗谷)의 이기론(理氣論)을 합성했다.

　1910년 추증되어 문도공(文度公)의 시호를 받았고 저서로는 『여유당전서(與猶堂全書)』에 실린 『목민심서(牧民心書)』, 『경세유표(經世遺表)』, 『흠흠신서(欽欽新書)』, 『아언각비(雅言覺非)』, 『아방강역고(我邦疆域攷)』 및 제반 경서에 관한 저술 수십 권과 그 외 수백 권의 저술을 남겼다. 그의 저서들에 실린 차에 관한 글도 70여 개나 발견되었다.

　다산은 어려서부터 차를 마셨다. 열여섯 살 때 화순현감으로 부임한 아버지를 따라 성주암(聖主菴)에서 차를 마셨고, 열아홉 살 때는 부친이 예천군수로 부임하자 반학정(伴鶴亭)에 올라 차를 즐기기도 했다.

이렇게 청소년기부터 익힌 선비 다풍(茶風)은 그가 차의 고장 강진으로 유배되고, 고독과 한유 속에서 아암 혜장을 만나면서 그 폭이 넓어지고 깊이를 더했다. 정약용은 초당 앞에 다조(茶竈)[3]를 만들고 정석(丁石) 아래에 다천(茶泉)을 팠다. 그리고 해배되기 얼마 전부터 그곳의 제자 열여덟 명을 중심으로 다신계(茶信契)를 만들고 그 절목(節目)을 기록했다. 이후 백여 년간 그 규약이 지속되었다.

다신계원들은 모두 차인으로, 다산의 두 아들 유산(酉山) 정학연(丁學淵), 운포(耘逋) 정학포(丁學圃)는 추사, 해거도인, 초의 등과 같은 연배로 서로 가까웠고, 그 외의 열여섯 명은 모두 선비 차인들이었다. 또 읍성에 있던 손병조(孫秉藻), 황상(黃裳), 이청(李晴) 등 계원 여섯 명은 중인이었으나 선비로서 학문을 닦은 차인이었다. 그들은 생업에 종사하면서 계의 일을 맡아 하고 해마다 차를 만들기까지 했으니, 참다운 차인이라 할 만하다.

다신계원들이 일 년에 두어 번 만날 때는 차를 마시고 시를 지어 좌장격인 유산에게 보냈고 살림에 관한 것도 보고했다. 특히 황상은 호를 치원(巵園)이라 하고 열다섯 살부터 다산에게 배워 시를 잘 썼다. 스승이 애써 가르치고 인연을 가져 삼근계(三勤戒), 정황계(丁黃

---

3) 다조는 못가에 있는 정자 앞에 있다[茶竈在池亭之前].

契)의 일화를 남겼다. 뿐만 아니라 다산은 제다에도 조예가 깊어 차를 보낸 이에게 차를 만드는 방법을 설명하기도 했으니, 몇 군데의 기록에서 그 자취를 알 수 있다.

疊墼小茶竈 離火巽風形 첩격소차조 이화손풍형
茶熟山童睡 裊烟猶自靑 다숙산동수 요연유자청

흙벽돌 쌓은 조그만 차 부뚜막
불괘와 바람괘 모양 갖추었네.
차는 끓고 산동은 졸고 있는데
연기 하늘하늘 파랗게 퍼지네.

―「차합시첩(茶盒詩帖)」


靑石磨平赤字鐫 청석마평적자전
烹茶小竈草堂前 팽다소조초당전
魚喉半翕深包火 어후반흡심포화
獸耳雙穿細出烟 수이쌍천세출연
松子拾來新替炭 송자습래신체탄
梅花拂去晚調泉 매화불거만조천
侵精瘠氣終須戒 침정척기종수계

**且作丹爐學倣仙** 차작단로학방선

청석 편편히 갈아 붉은 글자 새기고

초당 앞 작은 부뚜막에 차를 끓이네.

반쯤 열린 물고기 목구멍에 불길 싸이고

짐승 모양 양쪽 귀로 연기 솔솔 나는구나.

솔방울 주어 와서 땔감 바꾸고

매화 꽃잎 떨치고 가서 샘물 긷는다네.

정신과 기운 줄어 모름지기 경계하고

단약화로 만들어 신선도를 닦으리.

―「다조」

그는 초당 앞에 규격대로 다조를 만들고, 정석 아래 샘물을 길어 와서 차를 끓였다. 그리고 『다경(茶經)』에서 말한 '감상손하이어중(坎上巽下離於中)'의 『주역』 정신과 형식을 빌려와 수형(獸形)의 고정(古鼎)을 만들었다. 이는 팽다(烹茶) 그 자체가 벌써 호고(好古)의 드높은 정신세계임을 말한다. 매화가 옷소매에 떨어지는데 샘물을 길어와 차를 끓이니, 이는 벌써 신선들이 단약을 연성하는 경지다. 이것이 바로 한재가 말한 "두 다리 걷어붙이고 표주박 잡고서, 백석탕 끓이는 것보다는 금단을 연성하는 마음으로[乃把一瓢露雙脚 陋

白石之煮 擬金丹之熟]"와 같은 심경이다.

다산은 아암에게 차를 보내라는 편지를 익살스럽게 썼는데, 이른바 「걸명소(乞茗疏)」라는 글이다.

徒深龍團鳳餅 內府之珍頒已罄 도심용단봉병 내부지진반이경
玆有采薪之疾 聊伸乞茗之情 자유채신지질 요신걸명지정
竊聞苦海津梁 最重檀那之施 절문고해진량 최중단나지시
名山膏液潛輸 瑞草之魁 명산고액잠수 서초지괴
宜念渴希 毋慳波惠 의념갈희 무간파혜

깊이 갈무리했던 용단, 봉병 등 귀한 것 이미 바닥나고
땔나무조차 할 수 없는 아픈 몸으로
오직 차를 비는 정분을 펼 뿐이오.
적이 듣건대 고해를 건너는 다리를 얻는 길은
한결같이 시주하는 게 가장 중요하다고 했소.
명산의 정기를 받아 서초의 으뜸인 차를 목마르게 바라노니
아낌없는 은혜 베풀기 바라오.

―「걸명소(乞茗疏)」, 을축동 증아암선사(乙丑冬 贈兒菴禪師)


傳聞石廩底 由來產佳茗 전문석름저 유래산가명

時當曬麥天 旗展亦槍挺 시당쇄맥천 기전역창정

窮居習長齋 羶臊志已冷 궁거습장재 전조지이냉

花猪與粥鷄 豪侈邈難竝 화저여죽계 호치막난병

祗因痃癖苦 時中酒未醒 지인현벽고 시중주미성

庶藉已公林 少充陸羽鼎 서자이공림 소충육우정

檀施苟去疾 奚殊津筏拯 단시구거질 해수진벌증

焙晒須如法 侵漬色方瀅 배쇄수여법 침지색방형

들자니 석름봉 기슭에서

이전부터 좋은 차 난다는데

보리가 햇볕에 익을 때

차의 창과 기 또한 돋는다네.

어려운 살림에 재식(齋食)이 몸에 익어

노린내 나는 음식 벌써 잊었다네.

봄 돼지고기나 닭죽 같은

호화로운 것들 먹은 지 아득하네.

마침 현벽의 고통으로

때때로 술에 취한 듯하다네.

그대 주변에 많은 차로

육우의 솥을 좀 채워주오.

보시한다면 병을 진실로 없앨 것이니

어찌 나루에서 뗏목 구함과 다르리.

불에 쬐고 볕에 말리기를 법대로 하여

물에 우리면 빛깔 한결 맑으리.

— 「기증혜장상인걸명(寄贈惠藏上人乞茗)」

이때 다산은 차에 깊이 빠져서 『다경』 정도는 줄줄 외울 정도로 통달했었다. 또 기무경이 차를 얼마나 싫어했는지, 이덕유(李德裕)가 차를 얼마나 즐겼는지도 잘 알고 있었다.

아침에 자고 일어나니 흰 구름 몇 점이 파란 하늘에 유유히 흐른다. 또는 낮잠 한숨 늘어지게 자고 일어나 보니 벌써 달이 떠올라 앞 시내에 비치고 있다. 이때 맑은 물 떠서 차를 끓이니 작은 눈 구슬이 (차 가루) 구르는 듯하고 자순차의 향기가 차 화로에 나부낀다. 다산은 위의 글에서 물이 끓는 모습을 순결하게 승화시키고, 무형의 향기가 유형의 불꽃을 흔드는 감각의 전이를 놀라운 솜씨로 보여준다. 또 자신의 처지가 재식(齋食)을 해야 하나 그렇다고 차만은 아무거나 마실 수 없으니 고인(古人)의 법제(法制)대로 된 것을 보내라며 사뭇 명령조로 말한다. 여기에 다산의 희화적 수법과 두 사람의 관계를 짐작할 수 있다.

강진 배소(配所)에 있다가 을축년(乙丑年) 봄에 자리를 옮기니, 마침 백련사(白蓮寺)에 묵고 있던 아암이 몹시 만나길 원했다. 그래서 조금 자유로워진 다산이 시골노인네로 신분을 감추고 아암을 만나러 30여 리를 갔다. 만나서 차를 마시며 이야기했는데 대단히 반가워하면서도 아암은 다산을 알아보지 못했다. 작별 후 북암에 이르렀는데 아암이 뒤쫓아 와서 "공께서 어찌 사람을 속이십니까?" 하니 다산이 손을 잡아 방에 이르러 묵게 되었다.

이렇게 만난 후 자주 왕래하고 서로 무척 좋아했으니 이때부터 아암은 다산의 차를 줄곧 공급한 셈이다. 색성(賾性)을 보내 시중들게 하고 마음속으로 서로 가깝게 여겼다. 색성에 관한 다산의 생각은 아주 호의적이었다.

藏公衆弟子 賾也最稱奇 장공중제자 색야최칭기
已了華嚴敎 兼治杜甫詩 이료화엄교 겸치두보시
草魁頗善焙 珍重慰孤羇 초괴파선배 진중위고기

혜장의 많은 제자 중에

색성을 뛰어나다 말하네.

이미 화엄의 도리를 깨치고

겸하여 두보의 시도 공부했네.

차를 따서 잘 덖어 만들고

외롭게 갇힌 사람 소중히 위로하네.

—「사색성기다(謝賾性寄茶)」

또 어느 때 아암이 차를 보내지 않고 색성이 차를 만들어 보내니, 다산이 아암에게 우스개로 원망조의 글을 남겼다.

弟子意雖厚 先生禮頗冷 제자의수후 선생례파랭
藏旣爲余製茶 適其徒賾性有贈 장기위여제다 적기도색성유증
遂止不予 聊致怨詞 수지불여 요치원사

제자는 인심이 후한데 선생은 예에 박하네요.
가지고 있던 차가 바닥났는데
마침 색성이 차를 만들어 보내왔구려.
차 보내는 것을 계속하여 원망 듣지 말도록 하시오.

다산이 수도암(修道庵)에 들렀을 때 예기치 않게 아암이 이르러서 "북소리 구름 따라 동쪽으로 향하였네[飛錫隨雲又向東]"라며 반가워했다.

그의 적거생활 중에 꿈꾸던 세계를 쓴 시에 「산거잡흥(山居雜興)」 20수가 있다. 다산이 아암에게 쓰게 했으나 내용은 거의 다산의 시사

(詩思)다. "내 스스로 순주의 백자완에 호포천의 샘물을 길어다가[自挈淳州白瓷碗 過溪閒汲虎跑泉]"라던가, "자주 비둘기 날아오고 흰 비둘기 졸고 있으면, 한낮의 낮차를 매일같이 달이네[紫鴿飛回白鴿眠 午茶初點日如年]"라고 읊은 것을 보면 그가 얼마나 차에 탐닉했는가를 알 수 있다. 또 표주박 하나로 차를 마시고 술도 마신 걸로 보아 당시의 다구가 지금처럼 분화되지 못하고 편한 데로 쓰였음을 알 수 있다.

銷金帳外建高牙 소금장외건고아
蟹眼魚鱗滿眼花 해안어린만안화
貧士難充日中飯 빈사난충일중반
新泉謾煮雨前芽 신천만자우전아
民憂莫問群仙境 민우막문군선경
水厄誰分謝客家 수액수분사객가
自信胸中無壅滯 자신흉중무옹체
喫添淸苦更堪誇 끽첨청고갱감과

금빛 휘장 밖으로 불쑥 솟은 새싹

게눈 고기비늘, 방울 가득 끓어오르네.

가난한 선비 점심 때우기도 어려운데

새로 기른 샘물로 우전차 끓인다네.

신선의 안목으로 백성 근심 묻지 마오
누가 사객가에서 차 나누어 마시리.
가슴 속 막힘없음 혼자서 믿었더니
맑고도 씁쌀한 맛 더욱 자랑스럽다네.

―「신차(新茶)」

都無書籍貯山亭 도무서적저산정
唯是花經與水經 유시화경여수경
頗愛橘林新雨後 파애귤림신우후
巖泉手取洗茶瓶 암천수취세다병

산정엔 쌓아둔 책 아예 없고
오직 이 꽃길 옆으로 물 흐르고 있다네.
봄비 내린 귤숲 아주 좋은데
바위 샘물 손수 떠서 찻병을 씻네.

―「다산화사(茶山花史)」

끼니는 형편에 따라 건너뛸 수도 있으나 차만은 그럴 수 없었다. 다산초당의 꽃길과, 정석 아래 솟는 샘물을 길어 차를 달이는 모습이 훤하다. 동진(東晋) 왕몽(王濛)의 수액(水厄)에 관한 고사는 물론, 도곡(陶谷)과 당희(黨姬)의 소설전다(掃雪煎茶)도 꿰고 있으니 다산이 정말 다사(茶事)에 조예가 깊었다는 점을 알 수 있다. 산정에서 다우(茶友)가 왔다가 떠나려는데 마침 비가 와서, 차를 마시며 머물게 되어 아주 기뻐했을 정도로 그는 차를 좋아했다.

명(明)의 문징명(文徵明)을 진정한 차인으로 꼽는 것은 그가 스스로 차 끓이고, 차품(茶品)을 알고 마시며, 자득(自得)을 이루었기 때문이다. 이런 면에서 본다면 다산이야말로 진정한 차인이 아닌가. 「신차(新茶)」에서 금빛 휘장은 새로 돋은 황금색 새잎을 통틀어 이른 것이고 새싹은 바로 신창(新槍)이다. 끝에 차의 쌉쌀한 맛이 마음을 깨끗하게 정화시킨다는 대목이 실감 난다. 이는 에이사이[榮西] 선사의 『끽다양생기(喫茶養生記)』에서도 강조된 말이다.

예천의 반학정(伴鶴亭)에서 읊은 시에 "어린 기생 차를 전하러 대나무 사립에 이르렀네[小妓傳茶到竹扉]"라 한 것을 보면 다모 역할을 한 여인을 기생과 동일시한 것이 아닌가 생각된다. 체천(棣泉)을 읊은 시에 은병이 등장하는 것을 보면 다산의 다구에 대한 정도도 짐작이 간다.

다산의 차 정신은 「하섬계(下剡溪)」의 "스스로 깨달아서 세속을 잊고 초탈[覺自得而忘世]"하는 경지에 이르러 꽃을 피우고, 나아가 차로 마음을 다스릴 정도로 확고했다. 바로 이런 정신이 20여 년의 유배생활을 견디며 긍정적으로 수용하는 힘이 되었다.

  海月照顏白 天風吹髮疎 해월조안백 천풍취발소
  茶傾三椀後 鐘動九街初 다경삼완후 종동구가초
  바다 위에 뜬 달 얼굴을 환히 비추고
  성긴 머리카락 바람에 날리네.
  차 석 잔 기울이고 보니
  종소리 온 세상에 울려 퍼지네.

          ―「대월주필기남고(對月走筆寄南皐)」


  幽栖不定逐煙霞 유서부정축연하
  況乃茶山滿谷茶 황내다산만곡다
  天遠汀洲時有帆 천원정주시유범
  春深院落自多花 춘심원락자다화
  그윽한 보금자리 안개와 노을 따라 정해 있지 않고
  하물며 다산에는 온 골짜기에 차 가득하다네.
  아득한 수평선 위에 돛단배 떠가고
  봄 깊은 뜰에는 꽃도 많이 피었네.

    ―「삼월십육일 유윤문거로규다산서옥(三月十六日 游尹文擧魯奎茶山書屋)」

이것이 바로 인생으로 보면 달관의 경지요, 도로서 말한다면 오도(悟道)에 이르렀다. 종소리가 울려 퍼진다고 하여 무한 광대함을 노래했다면, 돛단배 가고 꽃이 피는 것은 영원불변하는 진리를 드러낸다. 다산은 도가의 사상에 역학적인 음양이론을 바탕으로 도에 접근했으며, 양명학에도 경도되었다.

### 2. 아암 혜장

혜장(惠藏, 1772~1811)의 법호는 다산이 지어준 아암(兒庵)이고 속성은 김씨로, 대둔사로 출가했다. 후에 연담(蓮潭) 유일(有一)에게 배웠고 대둔사의 유명한 강사로 이름을 얻었다. 1805년에 유배 온 다산을 만나 그에게 차를 공급하고 『역경』을 배우는 한편, 능엄(楞嚴)의 도리를 설해서 십여 세의 나이 차이를 뛰어넘어 가깝게 지냈다. 이들의 만남은 훗날 초의와 추사로 이어지는 계기가 되어 조선 후기 차 문화의 꽃을 활짝 피우게 된다.

아암은 불행히도 불혹의 나이에 입적하여 다산을 슬프게 했으나, 그의 제자 수룡색성(袖龍賾性)이 다산의 차 생활을 돌보았고 뒤를 이어 초의가 다산과 연을 맺게 되었다. 그의 입적 후 다산이 쓴 제문을 보면 간곡한 마음이 전해진다. 다산은 자신의 시에서

"누가 알 것인가 나와 그대가 서로 슬퍼하고 연민하고 있는 줄[誰知吾與若, 遙遙含悲憐兒庵]"이라고 읊었다. 다산의 문집에 아암과 관계된 시만 13수가 있고, 차시도 4수가 전한다. 다산은 아암을 "솔직하고 꾸밈이 없었으며 남에게 아부하지 않았다. 그래서 그를 아는 이는 그를 귀히 여겼지만 모르는 자는 교만하다고 하는 것이었다"고 평했다.

病後花已謝 悵誤良辰 병후화이사 추창오량진
飄蕭計難畵 委茶氣不仁 표소계난화 위다기불인
只有念醇釀 囊空未濡脣 지유염순농 낭공미유순
忽聞伊軋聲 驚懼出松筠 홀문이알성 경구출송균

앓고 나니 꽃은 벌써 졌고 좋은 때 가버린 것 슬프다네.
자란 쑥은 헤아리기 어렵고 시든 차는 좋은 기운 아니라네.
다만 진한 술 간절하지만 주머니 비어 입술도 못 적시네.
마침 그대 행차한다기에 놀라서 송죽의 숲을 나서보네.

─「봉간황정이공(奉簡黃庭李公)」

水遠山長魂往復 수원산장혼왕복
天荒地老夢飛揚 천황지로몽비양

高僧此日還蕭索 고승차일환소삭

佳節誰能薦茗觴 가절수능천명상

끝없는 산천에 넋은 떠돌고

황량한 천지에 꿈자리 험하네.

고승에게 오늘은 찾는 이 없으니

누가 좋은 때에 찻잔 올리리.

—「장춘동(長春洞)」, 삼(三)


碧窓看古蹟 幽巷詠新章 벽창간고적 유항영신장
貝葉曾盈篋 茶芽更貯囊 패엽증영협 다아갱저낭
煙霞隨杖履 風月滿衣裳 연하수장리 풍월만의상
卽此爲身計 何須羨綺黃 즉차위신계 하수선기황

푸른 창 너머 옛 자취 바라보고

그윽한 골목에서 새 글귀 읊어보네.

불경은 이미 대상자에 가득하고

차 싹도 주머니에 다시 채워두네.

가는 길엔 안개 노을 피어오르고

바람 맞는 옷에 달빛 가득하네.

이것이 곧 몸을 위한 계책이니

기리계, 하황공이 어찌 부러우리.

―「봉화동천(奉和東泉)」

登嶺採茶 引水灌花 등령채다 인수관화

忽回首山日已斜 홀회수산일이사

幽菴出磬 古樹有鴉 유암출경 고수유아

喜如此閒如此樂如此嘉 희여차한여차락여차가

고개 올라 차를 따고 물을 끌어 꽃에 주며

홀연히 고개 드니 해가 벌써 산에 걸렸다네.

그윽한 암자에는 풍경소리 퍼지고, 고목엔 까마귀라네.

기쁘고 한가롭기 이와 같으니 즐겁기도 하다네.

―「화중봉낙은사(和中峰樂隱詞)」

아암은 불가의 진리에 대한 천착과 뛰어난 두뇌로 젊은 나이에 짧은 시간 동안 깊은 경지에 이르러 이름난 강사가 되었다. 이는 그의 차에 대한 정박하고 개결한 생각 때문이라 본다. 그는 싱싱하고 좋은 찻잎을 따서 법제한 차 외에는 마시지 않았고 경우에 따라 술을 마다하지 않는 선의 경지에 이르렀다.

언제나 아암의 옆에는 차가 준비되어 있었고, 의기는 상산사호(商

山四皓)를 넘었으며 다산 이외에도 여러 선비 차인들과 빈번하게 교유했다. 그의 시구 어디에도 세속에 대한 미련이나 그리움은 찾아볼 수 없다. 아암은 진정한 불승이자 깨달음과 폭넓은 자비, 한유 속에 살았던 차인으로, 다산을 알게 되면서 세속에 이름이 났고 대둔사의 다맥을 중흥시켜 우리 다사에서 빛나는 자리를 점하고 있다. 그러나 그는 어느 한 때라도 불승의 본분에서 떠나본 일이 없었다.

### 3. 자하 신위

신위(申緯, 1769~1847)의 자(字)는 한수(寒叟), 호(號)는 자하(紫霞), 경수당(警修堂), 소낙엽두타(掃落葉頭陀)이고 본관은 평산이다. 장절공 신숭겸(申崇謙)을 시조로 하고 문희공 신개(申槩)를 중시조로 하는 소론(少論) 집안 출신이다. 1769년(영조 45) 8월에 서울 장흥방에서 참판 신대승의 아들로 태어났다.

자하는 어려서부터 신동으로 불렸으나 서른이 넘어서야 대과에 급제하고 벼슬길에 나아갔다. 주청사(奏請使) 서장관(書狀官)으로 연경에 가서 옹방강(翁方綱) 부자에게서 큰 영향을 받았다. 춘천부사, 병조참판, 강화유수를 지내며 많은 그림과 시작을 남겼다. 그가 위기에 처했을 때 김조순(金祖淳)이 "자하는 하늘이 낸 사람[紫霞老

友 自十餘歲時 已臻三絶 古今鮮有其匹 蓋亦天生其才歟]"이라고 칭찬하며 변호해서 무사히 넘어가, 시흥의 자하 산장에서 은둔하게 되었다. 예순이 넘어 도승지에 임명되었으나 나아가지 않다가 문책당하고, 다음 해에 대사간 호조참판을 역임하고 일흔을 훨씬 넘겨 장흥방 자택에서 운명했다.

자하는 당시 권력에서 밀려나 있던 소론 집안이었기에 환로(宦路)가 다난했다. 그래서 세상을 보는 눈이 비판적이었고 시·서·화의 분야에서 천재성을 발휘하게 된 것이다. 그는 "속이 비어 있는 시인은 가경에 이를 수 없다[空疎自命詩人者 容易那能到得佳]"고 하여 독서량이 넓고 깊음을 말해주었다.

그의 학문은 초기에 월암(月巖) 이광려(李匡呂)의 영향을 강하게 받았고 나중엔 옹방강의 학문과 지론에 느끼는 바 있어 스스로 유소입두(由蘇入杜)[4]하게 되었다. 소론학자들 대부분이 전통적 가학(家學)으로 소식(蘇軾)을 시 공부의 전형으로 삼았으니, 유·불·도의 경전을 폭 넓게 섭렵하고 이문재도(以文載道)[5]의 원칙을 따라 글을 썼다. 중국을 다녀온 후 이때까지 그가 쓴 작품들을 불태우고 비로소 신운(神韻)의 경지에 이른 두보(杜甫) 쪽으로 기울어 정신세계를 더해갔다.

---

4) '소식의 시를 거쳐 두보 시에 이르렀음'을 뜻함.
5) '시나 문장에 도의 내용을 싣고 있어야 한다'는 뜻.

이때부터 그의 차 생활은 점점 심오한 경지에 이르게 된다. 자하는 선(禪)의 대시인 왕유(王維)의 선어(禪語)와 두보의 신기(神氣)에 입각한 왕사정(王士禎, 1634~1711)의 신운설(神韻說)을 따르게 된다.

당시 청으로부터 마테오리치의 『천주실의(天主實義)』가 들어와 읽혀지자 실학자인 이익을 추종하던 남인계의 이가환, 이벽, 이승훈, 권철신, 정약용 형제들은 천주교를, 자하와 김정희 등은 불교를 탐구하며 사상적 변화를 시도했다. 자하는 다분히 선적 분위기에 젖어 초의를 비롯한 불승들과도 연을 맺는다. 그리고 다방면의 인물들과 친교를 맺었으니 김정희, 이학규, 심상규, 이노경, 권돈인, 김조순, 정약용, 초의, 고수관, 송만갑 등 400여 명의 사람들 이름이 그의 글에 나타난다.

『경수당전고』에 실린 그의 시는 모두 400여 수인데 그중 차에 관한 시문이 110여 수나 된다. 당대는 우리 다사(茶史)로 볼 때 다산, 아암에게서 불같이 일어난 다풍(茶風)이 추사와 초의, 해거도인 등에 의해 큰 바람으로 변하던 때였다. 흔히 우리의 대표적인 시인 네 사람을 말할 때 신라의 최치원, 고려의 이규보와 이제현, 조선의 자하를 들만큼 그는 뚜렷한 위상을 차지한다.

자하는 다성(茶性) 속에 시·서·화가 선(禪)과 일치하여 융화되는 오절(五絶)의 경지에 이르렀다. 그의 시화일관(詩畵一貫)과 시선일치(詩禪一致)의 표현론은 바로 만당의 왕유를 닮은 면이 있다. 시

정화의(詩情畵意), 곧 "시에 그림이 있고 그림에 시가 있다[詩中有畵 畵中有詩]"고 한 마힐(摩詰)은 화필(畵筆), 선리(禪理), 시정(詩情)의 삼위일체를 주장하고 실천했으니, 이는 바로 자하가 노닐던 세계다. 자하는 번뇌 속에 있으면서 번뇌에서 완전히 해방된 자유인 유마힐(維摩詰)을 본 땄던 왕유의 세계를 그리워했다. 현실에 몸담고 있으면서 그 오탁(汚濁)에 물들지 않으려고 희망했기 때문이다. 예부터 문인들은 정치세력에 의해 번번이 좌절해야 했다. 그래서 우리는 무엇보다 다성 속에 피어난 선기(禪氣) 어린 예술 세계를 그들의 시문 속에서 읽을 수 있다.

"차맛 입에 단데 졸음 곧 선이라네[茶味回甛睡是禪]"라는 시구는 자하가 가을날 동관을 떠나며 수레 위에서 쓴 것이다. 그는 졸음을 쫓기 위해 차를 마신다기보다 차와 잠을 함께 묶어 선의 경지에 이르렀다. "달콤한 차 흰죽은 시사와 선행을 도우네[茶甘粥白供詩禪]"라고 읊으며 차를 마시니 적체한 심루(心累)와 지병이 씻겨 내려가고 신선한 문사가 떠올라 선에 든다고 했다. 그의 생활 자체가 선이었으니, 비 그친 가을 산에 온갖 새소리 청량한데 물소리 매미소리 곁들이니 더없는 자연의 잔치판이다. 마침 주전자에 물이 끓으려 하자 마음 맞는 다우가 생각나 "조그만 초가에라도 들리겠다면 여울 건너 배를 대게나[如寄小蓬屋 過灘停短楫]"라 했다. 이는 바로 마음속에서 그리는 한 폭의 선화(禪畵)와 같다.

  衰骸就暖何遷次 쇠해취난하천차
  回戀山房睿墨懸 회연산방예묵현
 늙은 몸 좋은 곳 찾아 어찌 자리를 옮기리.
 산방에 걸린 임금님 글씨 돌아보며 생각에 잠기네.

 섣달 그믐날 저녁 산속에 은거하면서 세월의 빠름을 실감한다. 임금께선 아직도 벼슬을 주시려 하지만 늙은 몸으로 어찌 받을 수 있으리. 모든 것 다 잊고 돌아보니 벽에 걸린 당신의 글씨가 눈에 들어와 지난날을 생각게 한다. 자하가 글씨 쓰는 사람이기에 글씨를 써준 임금의 마음[御心]을 상기하는 것이다.

  半榻醒來山月高 반탑성래산월고
  不知高枕群書裏 부지고침군서리
  一詩喉渴正思茶 일시후갈정사다
  花下小童呼不起 화하소동호불기
 침상에서 깨어보니 산 위에 높이 달 떴는데도
 책 더미 속에 편안히 자느라 아주 몰랐네.

갑자기 목말라 차 생각 간절한데

꽃나무 아래 잠든 아이 불러도 오지 않네.

위의 시는 자하 자신의 그림 화제로 쓰였다. 편안한 생활을 영위하여 시간에 구애될 일도 없고 독서하다 졸리면 잠자고, 목마르면 차 마시는 일점 유루 없는 자연의 일부가 된 주인공은 심한문묘향(心閑聞妙香)의 경지에 이른 것이다. 이는 바로 자하 자신의 모습이었으리라.

옹방강은 자하의 시화를 보고 "푸른 대숲 깊은데 물 한 굽이 흐르고 안개 비낀 곳 해동에 밝은 달 솟았네. 담묵(淡墨)과 청풍(淸風)으로 마음속 뜻 드넓게 펼쳤네"라고 말하며 높게 평했다.

茶烟挈後森森冷 다연체후삼삼냉
酒力微時旋旋醒 주력미시선선성
但訝黃昏如向曙 단아황혼여향서
不知簾外已堆庭 부지염외이퇴정

차 연기 사라진 후 싸늘히 식어가고

몇 잔의 술기운은 빠르게 깨어나네.

다만 황혼이 새벽을 향하는지 궁금할 뿐

발 밖의 뜰에 눈이 얼마나 내렸는지.

하늘에 구름이 몰리더니 함박눈이 내린다. 물가의 새들도 눈 속에서 졸고 정자가 있는 산등성이도 희미해진다. 때마침 차를 끓이던 불도 사그라져 방 안 공기가 냉랭해지니, 그야말로 동(動)이 사라지고 정(靜)이 자리 잡는다. 곧 동중유정(動中有靜)이요, 정중유동(靜中有動)의 다게(禪偈)다.

荷卷蔭郭索 稻臥舐蜻蜓 하권음곽삭 도와첨청정
纔是磊落人 方讀爾雅經 재시뇌락인 방독이아경

시든 연잎 그늘 아래 게가 엉금엉금

고개 숙인 벼이삭엔 잠자리 붙어 있네.

그 옆엔 높은 뜻의 선비 한 사람이

이아경에 푹 빠져있다네.

「상아다반(象牙茶盤)」이란 제목의 시로, 차를 마시면서 상아로 상감된 다반을 감상하고 쓴 것이다. 연잎이 시든 것은 애석하나 가을이라 게도 알이 차고 벼도 익어 풍성한데 가을의 전령사인 잠자리가 있다. 여기서 『이아』를 읽는 선비의 모습은 고고하고 밝다. 다심(茶心)

이 곧 화심(畵心)이고 그것은 바로 그의 마음이다.

> 新樣燒瓷瑩綠沈 신양소자형녹침
> 溪山縮本倣雲林 계산축본방운림
> 酒醒又見纖纖捧 주성우견섬섬봉
> 一樹梅花側帽吟 일수매화측모음
> 새로 만든 찻잔은 푸른색 잠겼는데
> 그림 속 계곡은 운림을 닮았다네.
> 술 깨어 다시 들고 자세히 살펴보니
> 매화 한 그루 모자를 빗겨 쓴 듯하네.

차를 좋아하는 이라면 누가 찻잔을 범연히 보겠는가마는 자하는 새로 선물 받은 찻잔에 영청이 뜨고 잔에 그린 그림이 강소성(江蘇省)에 있는 운림(雲林)과 아주 흡사하다며 즐거워한다. 원래 자하는 매화를 좋아했다. 그는 「낙매(落梅)」라는 시에서 "떨어지는 매화 생각에 노래 한 곡 부르지만, 꽃을 위해 슬퍼하다 꽃 질까 걱정이네[口念落梅歌一関 爲花怊悵怕花驚]"라고 했으니 이는 몽중몽(夢中夢) 형외형(形外形)의 경지라 하겠다. 자하는 차를 보내준 다우에게 보낸 시구에 "차 연기 속 은자는 시를 논하다 가고, 향연 속 고승은 게송을 외우며 오네[茶煙野老談詩去 香篆高僧說偈回]"라고 했다. 야로(野老)와 고승(高僧)은 바로 시와 선이고, 꿈과 현실이며, 모두 다심(茶心) 속에 있는 것이다. 혜원(慧遠)의 호계삼소(虎溪三笑)를 연상시키는 장면이다.

當車緩步處 如笠小亭開 당거완보처 여립소정개
選石安詩硯 斛泉注茗杯 선석안시연 구천주명배

수레 멈추고 천천히 걸어가면
갓처럼 생긴 작은 정자 하나 있다네.
시를 쓰려고 바위 골라 벼루 놓고
샘물 길어 찻잔에 붓네.

―「한보정(閑步亭)」

한보정은 자하의 다력(茶歷)에서 무척 중요한 장소다. 그 자신이 주를 달기를 "관아 서쪽 조그만 물을 건너서 둑길을 따라가면 가마에서 내려 한가로이 거닐 만한 곳이 있는데, 바로 남산의 북쪽이다. 바위 밑에 샘이 있어 고을에서 첫째로 꼽으니 오래 마시면 온갖 병에 좋다. 그 옆에 정자를 지어 샘물로 차 끓이는 곳으로 삼고서, 『예천명(醴泉銘)』의 '서쪽 성에서 한가로이 거닌다'는 구절을 취하여 한보정(閒步亭)이라 한다"고 했다.

교외의 한가한 남산 아래 좋은 샘 있고 그곳에 다정(茶亭)이 있다면 차인이라면 누구나 행복을 느낀다. 그는 이것이 자신만의 공간이 아닌, 차를 마시고 시를 아는 이라면 누구나 즐길 수 있는 곳이라 생각했다. 그래서 흔쾌히 맡기고 떠나 드넓은 초탈의 경지에 도달해 있음을 보여준 것이다. 자하의 시문 속에서 그의 예술세계는 끝없이 펼쳐졌고, 그것은 선(禪)의 경지와 구분되지 않고 일체를 이루었다. 그림 속에 시와 글씨가 있고, 그것이 다향과 함께 선의 세계를 이루었으니 이것이 바로 그의 삶이었다.

자하는 새로운 가치 추구가 이루어지는 실학의 시기에 살았다. 이때 그는 당쟁을 배격하고 서얼의 차별 철폐를 주장하며 현실을 비판했다. 당시로서는 특이하게 불승(佛僧)과 교류가 많았던 것도 그러한 사상적 발로라 할 수 있다. 초의는 물론 금파(錦波), 채정(采淨), 보혜(普慧), 선홍(善洪) 등 당대 총림의 선승들과 왕래가 많았다. 이들은 그의 차와 시에 많은 영향을 끼쳤으니, 1830년을 전후한 자하의 시 작품에 불사(佛事)에 관계되는 것이 많다.

夢裏金鑾殿 天涯選佛場 몽리금란전 천애선불장
乳泉澄眼眼 蓮岳斂房房 유천징안안 연악렴방방

꿈에 본 금란전은

타관의 절이었네.

유천은 볼수록 맑고

연화산 봉마다 오므려 하나의 꽃봉오리라네.


고성(固城)의 옥천사(玉泉寺)에서 읊은 다시다. 평소 세속에서 그리던 바가 오늘 여기 와서 보니 바로 이 절이구나. 품수에 조예가 깊었던 그는 이 젖샘을 마시고 세속의 티끌을 씻어낸 후에 보니, 멀리 연화산 봉우리 하나하나가 꽃잎처럼 오므려져 커다란 연꽃인 듯하다. 다난했던 속진을 씻고 불계에 들어와 청정한 눈으로 바라본 불국토의 정경이다.


瀟寥節日關秋思 소요절일관추사
興替山門易感情 흥체산문역감정
淡茗自燒紅葉煮 담명자소홍엽자
夕陽變態一甌傾 석양변태일구경

쓸쓸한 절후에 가을 생각 깊어지고

절집의 성쇠에 만감이 서리네.

낙엽으로 맑은 차 손수 끓여

저무는 석양 속에 한 사발 기울이네.

창원에 있는 성주암(聖主菴)에서 쓴 것이다. 대덕(大德)이 주석하여 번성했던 절이 스님이 떠나자 빈 뜰에 이끼만 무성하여 옛날 같지 못하다. 나그네 당도해도 어린 사미승이 맞고, 때는 바야흐로 한로(寒露)의 가을이다. 만감이 교차하여 인세의 무상을 한 잔의 차로 씻고, 공(空)과 색(色)의 너머에 있는 불변의 이법을 음미해 본다.

자하는 초의와 교신이 잦았는데 이는 후배인 추사와도 관련이 있다. 물론 초의에게 다산이라는 후광도 있었지만, 자하가 불교 사상에 경도되었기 때문에 당시의 일반적인 관행을 깨고 선사와 가까이 지내게 된 것이다.

戀情刊落略無痕 연정간락약무흔
未足平生茗事存 미족평생명사존
香積飯過淸佛座 향적반과청불좌
松風湯熱淨詩魂 송풍탕열정시혼
評品得聞於鴻漸 평품득문어홍점
氣味相投借壑源 기미상투차학원
此是藏收又一法 차시장수우일법

**侍童秘勿俗人言** 시동비물속인언

세속의 정 깎아내어 흔적도 없는데

평생 찻일은 싫증 내지 않고 계속 한다네.

절밥 먹은 후에 불전을 깨끗이 하고

송풍탕 끓여 시혼을 맑게 하네.

품평은 육우에게서 들어 아니

학원차의 기미를 서로 섞었다네.

이는 또 하나의 차 보관법이니

아이야, 속인들에게는 숨기고 말하지 말려무나.


자하는 초의가 보낸 차의 맛이 너무 여려서 전부터 가지고 있던 학원차(壑源茶)에 섞어두었다가 새것과 옛것이 어울리기를 기다려 사용했다. 그리고 나서 초의에게 보낸 것이 바로 위의 시다. 그는 차의 맛을 내기 위해 고벽(古癖)의 방법으로 묵은 것과 새것을 적당히 섞어서 마셨다. 아마 초의가 보낸 차는 맛으로 보아 우전(雨前)으로 짐작되며, 학원차는 중국의 명차였다. 자하는 이 둘을 섞으면 깊고 얕음이 조화를 이루어 기묘한 차맛을 낸다고 믿었다. 이는 평생 차를 마신 전문가가 아니면 가벼이 시도하지 못할 위험한 방법이다. 그래도 그는 자부심을 가졌다. 가히 전문가 수준이다.

陶潛坡老共周旋 도잠파로공주선

此樂衰叟有此年 차락쇠수유차년

苦茗嚴時宜砭俗 고명엄시의폄속

好詩佳處合參禪 호시가처합참선

지난 날 도잠과 동파가 서로 돌보더니

그 즐거움 이 늙은이에게 올 줄이야.

쓴 차는 엄숙히 속인의 정신 맑게 하고

좋은 시구는 참선과도 같다네.

　

초의가 스승 완호(玩虎)대사의 삼여탑(三如塔)을 세우며 서문을 자하에게 부탁할 때 보림백모(寶林白茅)를 보냈기에 이 시를 지은 것이다. 사찰에서의 차 생활은 한결같았으며 시와 선이 차와 어울려 조금도 구분되지 않고 새로운 진여(眞如)에 접근했다. 그렇다고 자하가 불교에만 도취되었다는 얘기는 아니다. 그는 어디까지나 유교의 튼튼한 사상 위에서 선(禪)의 바탕이 되는 불교의 심오한 정신에 심취했다. 이는 다산이 불경을 공부한 것과 크게 다르지 않다. 그들은 새로운 가치관이 가미된 그들만의 세계를 창조한 것이다. 자하는 그저 어설프게 불경을 공부한 것이 아니라 시문 속에 심오한 선의 세계를 담아냈다. 그 대표적인 예가 「운외거사몽게시첩(雲外居士夢偈

詩帖)」으로, '소낙엽두타(掃落葉頭陀)'라 자호(自號)하여 깊은 선행의 수행자임을 자처했을 정도였다.

한편 자하는 우리 차인들 중에서도 드문 수품가(水品家)로, 좋은 물을 일부러 찾아다녔다. 좋은 물이 있으면 그 옆에 정자를 짓기도 하고 냉천정(冷泉井), 동정수(凍井水)를 찾아 먼 길을 마다하지 않았으니, 좋은 차를 찾아 편력한 육우와 닮았다. 뿐만 아니라 그는 다산의 전법(傳法)대로 차를 끓였다. 여기서 하나 눈여겨 볼 것이 그 다산 전법(茶山傳法)이다. 이는 바로 자하도 다산의 제다법을 익혔다는 얘기다. 그에게 차를 만들어 보낸 사람에게 맛이 없으니 다음에는 세 번 쪄서 편(片)을 작게 만들어 달라고 한 기록으로 보아 자하는 쪄서 만드는 병차, 곧 단차도 만들었다.

肅愼古墟東井水 숙신고허동정수
丹砂素礫映澄然 단사소력영징연
卽乘恩暇遊千里 즉승은가유천리
來試吾邦第一泉 내시오방제일천
…
名泉此是康王谷 명천차시강왕곡
頂品宜烹陸雨茶 정품의팽육우다

숙신의 옛 성 동정의 물은

붉은 모래 흰 자갈이 맑게 비치네.

은가를 틈타서 천릿길 떠나

직접 마셔보니 우리나라 제일일세.

…

이는 강왕곡 같은 이름난 샘이니

물이 정말 좋아 육우가 차 끓이기 제격이라네.


자하가 마침 휴가를 얻어 멀리 이름 있는 동정수를 찾아 함경도 북청까지 가서 마셔보니, 천 리 먼 길이 조금도 후회스럽지 않고 이때까지 마셔본 우리 샘물 중에 으뜸이라 했다. 중국인들이 그렇게 자랑하는 강왕곡의 물에 조금도 손색이 없다고 자부했다.


**敲氷七椀煎團茶** 고빙칠완전단차

얼음 깨고 물을 길어 일곱 잔의 덩이차를 끓이네.


전술한 추사와의 예론시(藝論詩)에도 얼음 깨고 흐르는 물 길어 차를 끓이는 내용이 나온다. 얼음 밑을 흐르고 있으니 깨끗하기 이를 데 없고 그 물을 탕수로 즐겨 쓰니 육우가 말한 수론에도 어긋나지 않는다.

雪水味澹泊 鹽梅謝調和 설수미담박 염매사조화

掃瓦不盈掬 春動融無那 소와불영국 춘동융무나

눈 녹인 물은 맛이 아주 담박하여

염매로 맛을 고를 필요도 없다네.

기와를 쓸어도 한 움큼 못되니

훈훈한 봄기운에 녹는 것 어이하리.

이른 봄에 눈 녹인 물로 차를 끓이다가 소동파의 옛일을 생각하며 차운한 시다. 염매로 맛을 고른다는 말로 송(宋)대까지 다속(茶俗)에 간을 맞추는 일이 있었음을 알 수 있다. 또 "강물 길어 차를 끓이며[汲江煎茶]"라는 동파(東坡)의 시운(詩韻)을 따라 쓴 시에서 알 수 있듯이 당시에는 빗물이나 눈 녹인 물을 다탕으로 많이 사용했다.

「냉천정(冷泉亭)」이라는 시에서 "아름다운 샘물 길어 차 끓이니 향기 한결 짙고, 이 차맛 『다경』에 넣을 만하다네[斛來金碧點茶馨 湯品添修陸雨經]"라고 읊었고, "묘미는 차에 있는 것이 아니라 물에 달렸다[妙不在茶唯在泉]"고 했다. 중국의 옛 기록처럼 수십 개의 등급을 나누어 판별하는 것이 아니라 각각의 특성을 가진 물을 직접 맛보고 평가했다. 이런 그의 차 정신은 한재가 말한 "현인을 폐하는" 현실에 대한 안타까움을 표현한 것이며, 제대로 된 차맛을 내기가 쉽지 않음을 보여준다.

吾廬瀟洒隱王城 오려소쇄은왕성
廡下南山紫翠橫 무하남산자취횡
伴石墨池含雨氣 반석묵지함우기
當窓蘆葉助秋聲 당창로엽조추성
客來茶屋孤烟起 객래다옥고연기
公退苔庭二鶴迎 공퇴태정이학영
莫笑軟紅塵送老 막소연홍진송로
冷卿居止似諸生 냉경거지사제생

내 집은 쓸쓸히 왕성에 묻혔는데

지붕 아래 남산은 단풍 들었다네.

돌에 싸인 묵지는 빗기운 머금고

창가의 갈대 잎은 가을 소리 더하네.

손이 오면 다옥에선 한 줄기 연기 나고

퇴근하면 학 두 마리 이끼 낀 뜰에서 맞이하네.

속세에서 늙는다고 비웃지 말게.

공부하는 선비처럼 살아가는 한직(閑職)이라네.

―「기사오란설(寄謝吳蘭雪)」

오숭양(吳崇梁)은 청(淸)나라 강서(江西) 사람으로 난설은 그의 호다. 김노경(金魯敬)이 '시불(詩佛)'이라 평할 만큼 오숭양은 명망 있는 시인이었는데 「기사오란설」은 자하가 그에게 보낸 시다. 자고로 세속에 사는 것과 숨어서 사는 것은 선비들의 상반된 두 세계다. 은거야말로 뜻을 얻지 못한 사람들의 가장 합리적인 방법으로, 그들은 유언 혹은 무언으로 사회를 냉철하게 바라보며 비판하는 세력이 되는 것이다. 때로는 은거야말로 미덕이 될 수 있었다. 세속이 워낙 비도덕적인 곳이기 때문이었다. '소은(小隱)은 자연 속으로 떠나지만 대은(大隱)은 도성 속을 떠나지 않는다'는 말을 빌린다면 자하는 대은 쪽이리라. 그는 왕성에 살면서 은자의 생활을 했다. 자하의 마음은 나이 들면서 도(道)를 즐겨 남산 기슭에 터를 잡은 왕유의 마음과 같았다.

묵지(墨池)에 빗기운 머금은 것은 시각적인 데서 일어나는 필의(筆意)요, 갈대 잎 소리는 청각으로 연상되는 시심이다. 그 속에 갈대 잎이 바람에 흔들리는 소리를 들으며 벼루에 먹을 갈아 필봉을 휘두르는 예술이 살아 있다. 다우와 차 마시고 학처럼 살아가는 고고함이 그의 생활이다. 화의(畵意)와 시심(詩心), 선(禪)이 다향(茶香)에 젖어 붓끝으로 표현되는 한 폭의 그림이라 할 만하다.

綠陰如水鶯聲滑 녹음여수앵성활
芳草和烟燕影消 방초화연연영소
短句分明猶在記 단구분명유재기
香初茶半雨瀟瀟 향초다반우소소

녹음 속 앵무 소리 윤기 흐르고

안개 속 방초 위로 제비 그림자 스쳐가네.

짧은 시구 아직도 분명히 기억하는데

깨어보니 차 향기 무르익고 비가 내리네.

이는 완전한 선의 세계다. 이 이야기는 그가 해거도인 홍현주에게 지어주었다는 「운외몽중첩(雲外夢中帖)」의 얘기와 아주 흡사하다. 해거도인이 꿈속에서 얻은 몽게(夢偈), '환유일점청산마 운외운 몽중몽(還有一點靑山麽 雲外雲 夢中夢)'을 적어서 보내며, 나머지 생각나지 않는 구절에 대한 안타까움을 동봉하여 대구(對句)를 청했다.

掃葉頭陀禪是墨 소엽두타선시묵
眠雲道士偈爲詩 면운도사게위시
喚廻塵世蘧蘧夢 환회진세거거몽
一點靑山落硯池 일점청산낙연지

낙엽을 쓸고 있는 두타는 선이 바로 글 쓰는 일이고

구름 속 잠든 도인은 게송이 바로 시라네.

꿈에서 깨어나 속세로 돌아오니

한 점 청산만이 연지에 빠져 있네.

그야말로 현실과 꿈, 시와 선, 그림과 글씨가 구분되지 않는 세계다. 이들은 모두 자하가 참다운 차인이었기에 다성에서 깨달은 멋이었으리라. 그래서 얻은 한마디가 "이승 모두가 꿈이라네[此生未必都非夢]"라는 구절로 현실도 꿈이요, 꿈속의 꿈도 꿈이라는 도를 체득한 것이다.

### 4. 추사 김정희

김정희(金正喜, 1786~1856)는 판서 김노경(金魯敬)의 아들로 자(字)를 원춘(元春)이라 하고 완당(阮堂), 추사(秋史), 예당(禮堂), 담재(覃齋), 시암(詩菴), 과파(果坡), 노과(老果), 승설도인(勝雪道人) 등 수십여 개의 호(號)를 썼다. 관직은 충청우도암행어사, 대사성, 이조참판에 이르렀다. 스물네 살 때 아버지를 따라 북경(北京)에 가서 완원(阮元)을 만나고 옹방강에게 감명을 받아 배웠으며, 당시 최고조에 달했던 고증학에 매료되어 돌아왔다. 1840년 제주에 유배되었다가 북청으로 다시 유배된 후 1852년에 풀려났다. 실학을 주장하고 경학, 문자학, 사학, 금석학(金石學)에 심취해서 추사체(秋史體)를 창안했으며, 저서로 『완당집』, 『금석과안록(金石過眼錄)』 등이 있다. 특히 금석과 서도에 참구하여 신위, 권돈인, 전기 등의 금석학파가 이루어졌다.

추사는 서론(書論)으로 글씨에 이름을 얻고, 시도(詩道)에는 옹방강, 왕사진(王士禛)으로부터 주이존(朱彝尊), 원호문(元好問)을 거슬러, 소식과 황정견(黃庭堅)에 이르러 소위 서권기(書卷氣)와 문자향(文字香)을 귀하게 생각하는 문인화풍을 중시했다. 이런 사상은 선(禪), 곧 불학과 차로 이어져, 여기에 시·화가 더해지니 아름다운 그의 세계가 꽃피게 된 것이다.

추사는 불학(佛學)에 대해 남달리 관심을 가지고 선승들과 교유했으니 연담, 묵암 등의 대덕들, 특히 백파긍선(白坡亘璇)과는 선리(禪理)를 주고받았으며 동갑인 초의와는 차를 매개로 여러 차례 만나게 되었다. 그는 『다경』을 위시하여 『문헌통고(文獻通考)』, 『태평광기(太平廣記)』, 『사문류취(事文類聚)』, 『유양잡조(酉陽雜俎)』 등의 서적과 차인들의 문집을 읽어 차에 대해 넓은 식견을 가졌다. 이를테면 도곡과 당희의 옛일이며 소식, 육구몽(陸龜蒙), 구양수(歐陽修), 문징명(文徵明) 등의 다시들을 섭렵했다.

좋은 가문의 자제였기에 젊은 날부터 차를 마셨으나 중국을 다녀오면서 본격적인 차 생활을 시작하여 중국의 차들을 마셨다. 돌아와서는 남쪽 사람들에게 글씨를 주어 차와 바꾸기도 했다. 차는 초의가 많이 보냈고 만허 스님도 보냈다. 그런 사연들은 몇몇의 편지글에 비교적 확실히 전해진다.

다음의 편지글에서 그는 차 구하는 일에 대해 이야기했다.

추운 아침 산 속에서 설수로 차 끓이는 것이 즐겁습니다.
다품(茶品)은 과연 승설(勝雪, 차의 이름)의 남은 향기입니다.
내가 일찍이 쌍비관(雙碑館)에서 이와 같은 것을 보았고
우리나라에 돌아온 이후로는 40년 동안에 이런 것을
다시 보지 못했습니다.
영남 사람이 이것을 지리산 산승에게서 얻었는데
산승 또한 이를 저축하기에 여념이 없어
실로 많이 얻기가 어렵다고 합니다.
또 명년 봄에 재차 산승에게 요구하도록 했는데
산승들이 모두 깊이 숨겨두고
관(官)을 두려워하여 쉽게 내주지 않으나
그 사람은 산승과 좋게 지내는 사이이므로

오히려 도모할 만합니다.
그리고 그 사람이 내 글씨를 매우 좋아하니
점차 서로 교환하는 방도도 있을 것입니다.

— 『추사전집』 권3, 권돈인(權敦仁)에게 보낸 편지

또 초의에게 보낸 차에 관한 편지 10여 편에서는, 주로 차를 빨리 보내라고 재촉하거나 차를 받고 난 후의 즐거움을 말했다.

나는 그대를 보고 싶지도 않고
또 보낸 편지도 보고 싶지 않으나
다만 차의 인연만은 차마 끊어 버리지 못하여 차를 재촉하니
편지도 보낼 필요 없고 두 해 동안 쌓인 빚을 함께 챙겨 보내되
또 지체하거나 빗나감이 없도록 하는 것이 좋을 게요.
그렇지 않으면 마조(馬祖)의 할(喝)과
덕산(德山)의 봉(棒)을 받을 것이니
이 한 번의 할과 봉은 백천 겁이 지나도 피할 길이 없을 것이오.
다음으로 미루고 이만.

다품(茶品)은 특별히 보내줌을 입어

매우 심폐(心肺)가 개운함을 느끼겠으나

늘 볶는 법이 살짝 도를 넘어

정기가 녹아날 것 같은 생각이 드니

만약 다시 만들 경우에는

곧 화후(火候)를 경계하는 것이 어떻겠소.

무술년 사월 팔일 불신(佛辰).

— 『완당전집』 5권, 서독(書牘), 초의에게 8


다품(茶品)은 이 갈증 난 폐를 적셔주겠으나

다만 얼마 되지 않으며

또 훈납(熏衲)과도 일찍이 차에 대한 약속을

정녕히 한 바 있는데

왜 하나의 창(槍) 하나의 기도 보내주지 않으니

한탄스런 일이로세.

부디 이 뜻을 그에게 전달하고 그 차 바구니를 뒤져내어

봄에 오는 인편에 보내주면 대단히 좋겠네.

글씨 쓰기도 어렵거니와 인편도 바빠서 이만 불식(不式).

— 『완당전집』 5권, 서독, 초의에게 32

갑자기 체편(遞便)으로부터

편지와 아울러 차포를 받았는데 차의 향기에 감촉되어

문득 눈이 열림을 깨닫겠으니

편지가 있고 없음은 본래 계산하지도 않았더라네.

다만 이가 아리니 몹시 답답하지만

혼자서 좋은 차를 마시고 남과 더불어 같이 못하니

이는 감실(龕室) 속의 부처도 자못 영검하여

율(律)을 시한 것이라 웃고 당할 수밖에 없네.

이 몸은 차를 마시지 못해서 병이 든 것인데

지금 차를 보니 나아버렸네.

― 『완당전집』 5권, 서독, 초의에게 35


중이 와서 초의의 서한을 전하고 또 다포도 전해주었네.

이곳의 샘맛은 바로 관악산 한 맥에서 흘러나온 것인데

두륜산(頭輪山)에 비하면 갑을(甲乙)이 어떨는지 모르겠지만

역시 공덕(功德)의 삼사(三四)는 있겠기에

빨리 보내온 차를 시험해 보니 샘맛도 좋고 차맛도 좋아서

바로 한 조각 희환의 인연이었네.

이는 차가 그렇게 만든 것이요 편지로 그런 것은 아니니

그렇다면 차가 편지보다 낫단 말인가?

더구나 근일에는 일로향실(一爐香室)에

죽 머물러 있다니 무슨 좋은 인연이 있는 거요.

왜 갈등을 부숴버리고 한 막대를 멀리 날려

나와 이 차의 인연을 같이 아니하는 거요.

— 『완당전집』 5권, 서독, 초의에게 36


다행히 차의 힘을 입어 난촉(煖觸)을 연장하게 되었으니

이는 바로 한 사방에 없는 무량복덕(無量福德)으로 알고 있다오.

가을 뒤에 계속 부쳐주길 바라나

이건 싫증 없는 욕심이 아니겠소.

향훈의 제품도 편에 따라 곧 보내 주었으면 좋겠구려.

마침 가는 인편을 인하여 대략 적을 뿐

장황하게 적지는 못하며 불선.

— 『완당전집』 5권, 서독, 초의에게 37


마침 남쪽 차를 얻었으므로 이편에 약간을 나눠 보내는데

먼젓번 것에 비교하여 더욱 나은 것 같소.

— 『추사전집』 4권, 이상적에게 3

초의와 가까운 사이니 약간 농을 섞어 차를 보내라는 말이 초의로서도 듣기 좋았다. 추사의 편지글에는 수품과 관련된 이야기나 다사에 얽힌 고사도 나오고, 차를 만드는 것에 대한 충고도 들어 있다.

月團新碾瀹花瓷 월단신연약화자
飲罷呼兒課楚辭 음파호아과초사
風定小軒無落葉 풍정소헌무낙엽
靑蟲相對吐秋絲 청충상대토추사

월단을 새 맷돌에 갈아 꽃잔에 타 마시고
아이 불러 초사를 외우게 하네.
바람 그친 작은 집엔 낙엽 하나 없고
푸른 벌레 쉬지 않고 가을 실 토하네.

―「왕대계첩(王戴溪帖)」

가을날 조용한 집에서 차 한 잔 마시며 『초사』를 듣고 굴원(屈原)의 분울한 심사와 절의며 유려한 문사에 젖는다. 이어 주변의 만상은 잔잔히 제 궤도대로 옮겨간다. 차 마신 자신의 속마음이 안온하게 평정을 지키기 때문이리라.

추사의 집도 고조부(高祖父) 홍경(興慶)이 영의정을 지냈고, 증조

(曾祖) 한신(漢藎)은 부마 월성위(月城尉)이며, 조부 이주(頤柱)는 우참찬, 아버지 노경(魯敬)은 이조판서를 지낸 명문으로, 대대로 차를 마시는 집이었다. 추사와 동생 명희(命喜)도 당대를 누비던 차인이었다.

## 5. 해거도인 홍현주

홍현주(洪顯周, 1793~1865)는 문신으로 자(字)는 세숙(世叔), 호(號)는 해거도인(海居道人), 약헌(約軒), 해거재(海居齋)라 했고, 숙선옹주(淑善翁主)와 결혼하여 영명위(永明尉)에 봉해졌다. 부마이니 중요한 벼슬자리는 못하고 한직으로 지내며 시문과 서화, 차를 즐겼고 자하, 초의와 가까이 지냈다. 청조의 난설(蘭雪) 오숭량(吳崇梁), 성원(星原) 옹수곤(翁樹崑), 다농(茶農) 장심(張深) 등과도 시문으로 교유했다.

그의 집은 풍산(豊山) 홍씨(洪氏)의 명문이었으니 7대조인 무하당(無何堂) 홍계원(洪桂元)은 선조의 따님 정명공주(貞明公主)와 결혼한 영안위(永安尉)로 중국에 네 번이나 다녀온 차인이었다. 이런 다풍은 영의정을 지낸 조부 낙성(樂性)과 아버지 인모(仁謨)에게로 이어진다. 누대일품(累代一品)의 벼슬을 누린 명가로 문장이나 시재가 당대를 누비던 재사들이었고 대부분 중국에 사신으로 다녀와 차 생활을 이어받았다.

아버지 족수거사(足睡居士)는 여류시인 영수합(令壽閤) 서씨(徐氏)와 결혼하여 석주(奭周), 길주(吉周), 원주(原周), 현주(顯周) 등을 슬하에 두었다. 영수합은 특히 시재가 뛰어나 늦게 시작한 작품이 200여 편이 전하고 그중에 차시도 몇 수 전한다. 표일탈속(瓢逸脫俗)한 시풍으로 자녀들의 시운(詩韻)에 차운한 것이 많고, 차를 아주 즐겼다.

맏이인 연천(淵泉) 석주는 병조판서로 있을 때 중국에 다녀오고 좌의정을 지냈으며 임금이 아껴 사명(賜名)까지 했다. 둘째 항해(沆瀣) 길주는 벼슬에 뜻이 없어 학문 연구에 몰두했고 누나인 유한당(幽閒堂) 원주는 어머니의 영향을 받아 200여 편의 시를 남겼고 차를 좋아했다.

가족이 모두 차인이요 시인이었지만, 유독 해거도인은 옹주와 사별한 후 쓸쓸한 만년을 지내며 차에 더욱 경도되었다. 그는 초의에게 『동다송』을 짓게 하고 자신도 100수가 넘는 많은 다시를 남겼다. 숙선옹주도 차를 좋아해서 시어머니의 매옥(梅屋)에서 밤늦도록 차 마시고 얘기하며 시를 지었으니 그 시초(詩抄)가 남아 있다.

어느 초가을 저녁 흩어져 있던 온 집안 식구들이 오랜만에 모여 시회(詩會)를 베푼다. 의젓하게 잘 자라 제자리에 선 자녀들을 앞에 둔 족수거사와 영수합의 마음은 흐뭇하다. 이 정든 집 뜰 은성한 달빛 아래서 그리운 얼굴들을 만난 이들은 모두 감개에 젖는다. 술잔을 돌리고 거문고 퉁기며 즐거웠던 지난날을 돌이켜본다. 못 잊어 아끼던 마음이 이 정경과 어울려 서로의 가슴에 새겨진다. 이윽고 아버지, 어머니로부터 차례로 연구(連句)의 형식으로 그 밤의 풍정(風情)을 읊어나간다. 이 얼마나 멋스러운 정경인가.

그 시 중에도 둘째 길주가 읊은 "차가 익으니 시심이 일고[茶熟詩腸潤]"에 답한 원주의 "거문고 소리 타는 이의 손처럼 맑구나[琴淸玉手纖]"의 시상은 그야말로 물 흐르는 것 같다. 희고 가냘픈 손이 달빛 아래서 나비 춤추듯 거문고 줄을 퉁기면 그 가락은 밤하늘같이 맑아 듣는 이를 시공을 초월한 세계로 안내한다. 이런 즐거움은 마음속 깊은 곳에서 우러나는 참다운 것이다. 이는 현주가 『몽게시첩(夢偈詩帖)』에서 맛본, 속세를 떠난 꿈의 한 장면이리니 "깨어보니 한 점의 청산만 아련한데, 구름 밖의 구름이요 꿈속의 꿈이더라[還有一點靑山麽雲外雲 夢中夢]" 한 것과 흡사하다.

시를 엮어나가는 것도 일반적으로 많이 쓰는, 한 사람이 처음부터 두 구씩 읊는 방법을 택하지 않고, 먼저 전구(前句)를 읊어 열면 다른 사람이 그에 알맞은 시정(詩情)의 후구(後句)로 짝을 짓게 하고 있다. 이는 그들의 정서가 혈연으로 통하여 상대의 시정을 촌탁(忖度)할 수 있기에 가능했다. 그렇게 해서 완성된 시는 한 치의 어긋남 없이 맞추어져 천의무봉(天衣無縫)한 자연스러움이 있다.

해거도인의 차 생활은 어렸을 때부터 하여 몸에 밴 것으로, 그는 아내를 잃고 외로움에 휩싸여 있을 때 초의를 만난 후로 더욱 차를 많이 마시고 다시도 자주 썼다. 더구나 아들을 앞세우고 난 후, 어린 손자를 키우면서 불교와 차에 탐닉한 것으로 보인다. 무엇보다 초의에게 『동다송』을 짓게 한 것은 우리 다사에서 반드시 기억해야 할 일이다.

그는 교유의 폭이 넓어 위로는 다산 정약용, 자하 신위, 박옹(泊翁) 이명오(李明五) 등과 가까이 지내고, 동년배로 정학연, 학유 형제와 단원 김홍도, 동번(東樊) 이만용(李晩用), 위당(威堂) 신헌(申櫶), 초천(苕泉) 김이양(金履陽), 풍석(楓石) 서유구(徐有榘) 등 여러 계층의 인물들과 돈독하게 지내며 차를 마셨다. 그러면서 청(淸)의 석학들과도 시문과 선물을 주고받으며 지냈다.

해거도인의 차 생활은 다른 일반인과는 여러 면에서 다를 수밖에 없었다. 우선 집안이 부유하여 다양한 차를 마시거나 좋은 다구와 문방 서화를 가질 수 있었다.

**蒼翠長存戶外山** 창취장존호외산

相看日夕不須攀 상간일석불수반

閒情一任殘書裏 한정일임잔서리

凉籟偏多瘦竹間 양뢰편다수죽간

留客茶甌魚眼細 유객다구어안세

辟寒梅壁豹文斑 벽한매벽표문반

堂堂急景誰能挽 당당급경수능만

但願生前數往還 단원생전수왕환

집 밖의 산은 한결같이 푸른데

언제나 서로 보며 구애되지 않는다네.

한가로우니 오직 못 읽은 책에 마음 쓰고

엉성한 대밭엔 서늘한 소리 가득하네.

손님 붙잡은 찻사발엔 작은 수포 뜨고

추위 막아주는 매벽엔 얼룩무늬 진다네.

이 좋은 광경을 누가 잡아둘 수 있으리.

다만 생전에 자주 오가는 것 바랄 뿐이네.

―「유산동번야과(酉山東樊夜過)」

산이 나이고 내가 산일진대 굳이 구분할 필요가 없고, 항상 많은 책이 있으나 읽지 못했는데 벌써 인생은 반을 넘어섰다고 했듯이, 독

서로 소일하며 대 바람 소리로 자연의 일부가 된다. 떠나려는 객을 차 마시고 가라며 붙잡고 차 향기와 다연에 푹 빠진다. 이처럼 좋은 벗과 차 마시는 아름다운 자리가 얼마나 될 것인가. 그저 자주 만나서 많이 만들어야지. 여기 나오는 유산과 동번은 물론, 주변의 친구나 지인, 가족이 모두 다우였다.

여기에 소개한 이 외에도 초의와 교유한 차인들로는 정학연, 정학유, 김명희(金命喜), 백파긍선(白坡亘璇), 이광려(李匡廬), 변지화(卞持和), 김인항(金仁恒), 윤효염(尹孝廉), 이만용(李晚用), 박영보(朴永輔), 황상(黃裳) 등 많은 이들이 있으나 이만 줄인다.

## 제4절 초의 연보

1786년    전남 무안군 삼향면 광산리에서 출생. 속성(俗姓)은 흥성(興城) 장씨(張氏)이다.

1800년    나주군 다도면 운흥사의 벽봉(碧峰) 민성(敏性)의 문하로 출가하다.

1801년    신유사옥(辛酉邪獄) 때문에 다산이 강진으로 유배가다.

1805년    연담(蓮潭)의 법손(法孫)인 완호(玩虎) 윤우(倫佑)에게서 구족계를 받다.

1807년    금담조사(金潭祖師)에게서 선을 공부하고 금강산, 지리산, 한라산 등을 돌며 수행하다.

1809년    다산을 처음 만나 제자가 되고 대둔사에 머물다.

1815년    서울에서 다산의 자제인 유산 정학연을 만나고 수종사(水鐘

|       | 寺)에 들리다. 그 후 추사와 그의 형제 명희(命喜)와 상희(相喜), 자하와 해거도인도 만나다. |
|-------|---|
| 1816년 | 수락산에서 시회(詩會)를 가지다. |
| 1817년 | 다산이 해배(解配)되어 본가로 올라가다. |
| 1824년 | 일지암을 결암(結庵)하다. |
| 1826년 | 완호 스님 입적하다. |
| 1827년 | 다산을 배알하다. |
| 1828년 | 『만보전서』의 「채다론(採茶論)」 등초(謄抄)를 시작하다. |
| 1830년 | 『다신전』 정서를 완성하다. 겨울에 수종사에 머물다. 이때 자하를 만나다. |
| 1831년 | 『초의시고(艸衣詩藁)』를 짓고 홍석주(洪奭周), 자하가 서문을 쓰다. |
| 1835년 | 소치(小痴) 허유(許維)가 초의의 지도를 받다. |
| 1837년 | 해거도인에게 『동다행(東茶行)』[6] 저술 경위를 써 보내다. |
| 1838년 | 해거도인 시집에 발문을 쓰다. |
| 1839년 | 소치(小痴) 허유(許維)를 추사에게 천거하다. |
| 1840년 | 헌종(憲宗)으로부터 '대각등계보제존자초의선사(大覺登階 |

---

6) 1906년 책부터 송(頌)이라고 함.

普濟尊者艸衣禪師)'라는 사호(賜號)를 받다. 추사가 제주로 유배되다.

1844년   추사에게서 「걸명소」를 받다.

1856년   추사 별세하다.

1866년   세납 81세로 8월 2일 입적하다.

1871년   초의 부도탑을 세우다.

1980년   한국차인연합회가 일지암을 재건하다.

# 제5절 『동다송』의 판본 및 출전

**『동다송』의 판본(板本)**

『다예관본(茶藝館本)』 : 태평양다예관이 소장하고 있다. 필사본으로, 응송(應松) 박영희(朴暎熙) 스님이 소장했던 것을 박종한(朴鍾漢)이 받아 태평양 측에 기증했다.

『석오본(石梧本)』 : 윤치영(尹致英)의 필사본(筆寫本)으로 이일우(李一雨)가 소장하고 있다.

『경암본(鏡菴本)』 : 끝에 '경암등초(鏡菴謄抄)'라 적혀 있는 판본으로 정영선이 소장하고 있다.

『석경각본(石經閣本)』 : 끝에 신헌구(申獻求)의 제시(題詩)가 없는 판본이다.

『다송자본(茶松子本)』 : 일명 『송광사본(松廣寺本)』으로, 필사본이다.

### 『동다송』 내용의 출전(出典)

육우(陸羽), 『다경(茶經)』: 5곳

왕호(王灝), 『광군방보(廣群芳譜)』: 16곳

왕상진(王象晉), 『군방보(群芳譜)』: 2곳

나대경(羅大經), 『학림옥로(鶴林玉露)』: 1곳

모환문(毛煥文), 『만보전서(萬寶全書)』: 7곳

범정민(范正敏), 『둔재한람(遯齋閑覽)』: 1곳

정약용(丁若鏞), 「걸명소(乞茗疏)」: 1곳

소이(蘇廙), 『십육탕품(十六湯品)』: 1곳

소식(蘇軾), 『동파시(東坡詩)』: 1곳

진간재(陳簡齋), 『간재시집(簡齋詩集)』: 1곳

이덕리(李德履), 『기다(記茶)』: 1곳

「구난(九難)」 이후 몇 군데가 초의의 창작 부분이다.


### 『동다송』에 인용된 출전에 관한 여러 가지 견해

- 김상현은 『초의선사의 다도관』에서 『동다송』에 인용된 출전에 관해 『다경』, 『만보전서』 등 20권의 다서와 작품들에서 인용한 것이라고 피력했다.

- 김명배는 『초의다서 출전고』에서 『동다송』에 인용된 출전에 관해 『광군방보』 21곳, 『다경』 6곳, 『만보전서』 7곳 등 11개의 다서와 작품들에서 인용한 것이라고 밝혔다.
- 용운은 『동다송의 새로운 고찰』에서 『동다송』에 인용된 출전에 관해 『다경』, 『만보전서』 등 21개의 다서와 작품들에서 인용한 것이라고 했다.

이렇게 사람마다 출전이 다르다고 한 것은 고전 다서들이 대부분 그 이전에 나온 다서의 내용들을 그대로 옮겨 적었기 때문이다. 지금 와서 보면 같은 내용이 여러 다서에 중복되어 실린 것이 많다.

이제부터 나올 『동다송』 주해에서 본문에 번호를 매긴 것은 의미적인 흐름으로, 필자 나름대로 나눈 것이지 특별히 정해진 무엇이 있는 것은 아니다. 흔히 『동다송』을 몇 송(頌)이라고 정해진 것처럼 말하는데, 이는 잘못된 것이다. 원문에는 전혀 그렇게 적혀 있지 않다.

# 제2장 동다송 주해

# 1

承海道人命作 승해도인명작
　주1

海居道人垂詰製茶之候 해거도인수힐제다지후
　　　　　　주2
謹述東茶頌一篇以對 수근술동다송일편이대
艸衣沙門意恂 초의사문의순
　　주3


● 국역

해도인의 명을 받들어 짓다.


해거도인께서 차 만드는 것에 관해 물으시기에

삼가 『동다송』 한 편을 이루어 대답하옵니다.

중, 초의 의순.


● 교주

● 『다송자본』, 일명 『송광사본』에는 '승해도인명초의사문
의순작(承海道人命艸衣沙門意恂作)'이라고만 되어 있고

아래의 주(註)는 달지 않았다.
- 초의는『동다송』을 쓴 동기와 목적을 분명하게 적었다. 그리고 해거도인과의 신분적인 차이 때문에 승(承), 명(命), 수힐(垂詰), 근(謹) 등 극존칭의 자(字)를 썼다.

 주

주1 海道人

홍현주의 호가 해거도인(海居道人), 약헌(約軒)이다.[7]

주2 垂詰

아랫사람에게 물음을 내리다.

주3 沙門

사문나(沙門那)라 하며, 처자권속(妻子眷屬)을 버리고 불가에 귀의하여 수도하는 이를 말한다. 처음 석가께서 승(僧)을 사문(沙門)이라 불렀으니, 근수선법(勤修善法)하고 지식악

---

7)『한국차문화사』하(下)권 311~320쪽 참고.

행(止息惡行)한다는 뜻이 있다.

**捨離恩愛 出家修道** 사리은애 출가수도

**攝御諸根 不染外欲** 섭어제근 불염외욕

**慈心一切 無所傷害** 자심일체 무소상해

**遇樂不忻 逢苦不戚** 우락불흔 봉고불척

**能忍如地 故號沙門** 능인여지 고호사문

은애의 감정을 떨쳐버리고 집을 떠나 도를 닦으며

인간의 여러 근본적인 것을 겪고 온갖 욕망에 물들지 않으며

오로지 자비로운 마음으로 상해하지 않는다.

즐거움을 만나도 기뻐하지 않으며 고통에 처해도 슬퍼하지 않아

능히 참고 견디는 것이 한결같아서 사문이라 부른다.

―『아함경(阿含經)』

## ● 참고

초의(艸衣)라는 호에 관한 여러 가지 글들

㉠ **菜根木果慰飢腸** 채근목과위기장

　**松落草衣遮色身** 송락초의차색신

풀뿌리 나무 열매로 주린 창자 채우고

송락에 초의 입고 육신을 가렸다네.

—야운(野雲) 선사

여기서 송락(松落)은 솔잎보다는 스님들이 쓰는 송라(松蘿 : 松蘿 笠)로 보는 견해가 더 많다.

ⓒ 穴居陶居 構木爲巢 혈거도거 구목위소

　　食木實 衣草衣 식목실 의초의

자연으로 돌아가 도연명처럼 은거하며 굴 속에 살던지

나무로 얽어 집 짓고 열매 먹고 살면서 초의를 걸쳤다.

—『사기(史記)』

ⓒ 草衣 其拈花之號也 초의 기염화지호야

초의는 그의 핵심적인 생각(선 수행의 길)을 담은 호다.

—벽파(碧波)

㉣ 완호삼의(玩虎三衣) : 호의(縞衣), 하의(荷衣), 초의(艸衣)

일지암(一枝庵)의 일지(一枝)에 관계된 글들

㉠ **鷦鷯巢於深林不過一枝** 초료소어심임불과일지

뱁새가 깊은 숲에 집을 지어도 나무 한 가지를 넘을 수 없다.

— 『장자(莊子)』

㉡ **常念鷦鷯鳥 安身在一枝** 상염초료조 안신재일지

뱁새의 생각은 항상 한 나뭇가지에 몸을 안전히 의탁하는 것이다.

— 당(唐) 한산자(寒山子)

## 2

后皇嘉樹配橘德 후왕가수배귤덕
受命不遷生南國 수명불천생남국
密葉鬪霰貫冬青 밀엽투산관동청
素花濯霜發秋榮 소화탁상발추영
姑射仙子粉肌潔 고야선자분기결
閻浮檀金芳心結 염부단금방심결

茶樹如瓜蘆 葉如梔子 다수여과로 엽여치자
花如白薔薇 心黃如金 화여백장미 심황여금
當秋開花 淸香隱然云 당추개화 청향은연운

● 국역

황천후토가 좋은 차나무에 귤 같은 덕 내렸으니
천명을 받아 옮겨갈 줄 모르고 남쪽에서 산다네.
촘촘한 잎은 추위를 이겨 겨우내 푸르고
흰 꽃은 서리 무릅쓰고 가을에야 곱게 핀다네.
고야산 신선의 살결처럼 희고 깨끗하여

염부제의 단금색 같은 고운 꽃술 맺는다네.

차나무는 과로와 같고 잎은 치자와 같으며
꽃은 백장미와 같고 화심(꽃술)은 금처럼 노랗다.
가을이 되면 꽃이 피어 맑은 향기가 은은하다고 했다.

## 교주

● 밀엽(密葉)은 『다예관본』에는 밀(蜜), 『석오본』에는 밀(密)로 적혀있어 밀(密)로 바로잡았다.

## 주

주1 **后皇**

하늘인 황천(皇天-남성적)과 땅의 신 후토(后土-여성적),
곧 천지신명(天地神明)이나 조물주를 말한다.

주2 嘉樹

茶者南方之嘉木也 다자남방지가목야

차는 남방의 좋은 나무다.

─『다경(茶經)』

從來佳茗似佳人 종래가명사가인

종래에 좋은 차는 좋은 사람과 같다.

─소식(蘇軾)

주3 橘德

『초사(楚辭)』「귤송(橘頌)」의 영향을 받았다.

后皇嘉樹橘徠服兮 후황가수귤래복혜
受命不遷生南國兮 수명불천생남국혜
深固難徙更壹志兮 심고난사갱일지혜
綠葉素榮紛其可喜兮 녹엽소영분기가희혜
蘇世獨立橫而不流兮 소세독립횡이불류혜
願歲幷謝與長友兮 원세병사여장우혜

하늘과 땅이 낳은 좋은 나무 귤이 여기 와서 토질에 맞추었네.

천명을 받아서 옮길 줄 모르고 오직 남국에서만 산다네.

깊고 단단해 옮기기 어려운데 또 뜻도 한결 같다네.

푸른 잎 흰 꽃 피어 고우니 마음 한결 기쁘다네.

세상 외면하고 홀로 세속에 따라 흐르지 않고 뜻대로 살아가네.

원하노니 추운 겨울 다 시들어도 그대와 길이 벗하고 싶다네.

### 주4 不遷生

차는 원래 씨를 심은 그 자리에서 자라며, 옮겨 심지 않는다.

茶不移本 植必子生 다불이본 식필자생

古人結婚 必以茶爲禮 고인결혼 필이다위례

取其不移置子之意也 취기불이치자지의야

今人猶名其禮曰 下茶 금인유명기례왈 하다

차는 그루를 옮기지 않고 심으면 반드시 씨를 받았다.

그래서 옛사람들이 혼례에 차를 내렸으니

차가 옮기지 않고 씨를 받듯이 백년해로하라는 뜻이었다.

지금 사람들이 그런 예를 '하다'라고 부른다.

— 명(明) 허차서(許次紓), 『다소(茶疏)』

주5 **貫冬靑**

상록수이므로 지절(志節)과 연결한다.

주6 **素花**

흰 꽃. 다른 색의 꽃도 있으나 우리나라에 있는 것은 거의 희다. 차는 꽃과 열매를 같이 볼 수 있는 실화상봉수(實花相逢樹)로 가을에 꽃[秋花]이 핀다.

주7 **姑射仙子**

『장자』「제물론(齊物論)」에 나오는 막고야산의 여신선을 지칭한다.

藐姑射之山 有神人居焉 막고야지산 유신인거언
飢膚若氷雪 淖約若處子 기부약빙설 요약약처자
不食五穀 吹風飮露 불식오곡 취풍음로
乘雲氣御飛龍 而遊乎四海之 승운기어비룡 이유호사해지

막고야산에 신인이 살고 있는데
피부가 얼음같이 희어서 마치 처녀같이 곱더라.
곡식을 먹지 않고 바람과 이슬을 마시며

구름을 타고 용들을 몰아 온 세상에 두루 노닐더라.

― 「제물론」, 견오(肩吾)와 연숙(連叔)의 문답 편

주8 閻浮檀金

염부(閻浮)란 수미사주(須彌四洲)의 하나인 염부제(閻浮提)를 뜻한다. 수미산 남쪽 염부수(閻浮樹)가 번성한 곳으로 나무 아래에 금이 깔려 있다고 한다. 불경에선 섬부(瞻部)라고 번역하고 인도를 지칭하기도 한다. 단금(檀金)은 강의 사금(砂金)을 가리킨다.

看來明淨復柔軟 간래명정부유연
花中乃有閻浮檀 화중내유염부단

가만히 보면 환하게 맑고 부드러우며
꽃 안에 연부단금이 있다네.

洛陽得黃葵子種之 낙양득황규자종지
六月作花 佛經所謂閻浮檀金 유월작화 불경소위염부단금
明淨柔軟 令人愛樂者 此花可當之
명정유연 영인애락자 차화가당지

낙양에서 해바라기 씨를 얻어 심었더니

유월에 꽃이 피는데 불경에서 말하는 연부단금으로

맑고 깨끗하며 부드러워

사람들로 하여금 이 꽃을 마땅히 많이 좋아하게 하더라.

―원호문,『시서(詩序)』

주9 瓜蘆

葉似茶葉 可以煎飲 味苦 엽사다엽 가이전음 미고

잎은 찻잎과 같고 달여서 마실 수 있으며 맛이 쓰다.

―『동군록(桐君錄)』

과로(瓜蘆)에 대한 여러 가지 발음과 기록을 찾아볼 수 있다.

㉠ 과루(瓜蔞)는 약초의 이름으로 박과(朴科)의 하늘타리다.
㉡ 고로(皐蘆)에 대한 기록이 배연(裵淵)이 쓴『광주기(廣州記)』에 나온다.

一名 瓜蘆 葉似茗 土人謂之過羅

일명 과로 엽사명 토인위지과라

일명 과로라 하고 잎은 차와 같은데 그 지방 사람들이 '과라'라고 한다.

―배연(裵淵), 『광주기(廣州記)』

ⓒ 고과(苦瓜)에 대한 기록이 『중국차문화대사전』에 나온다.

一年生 蔓草 其葉掌狀分裂 일년생 만초 기엽장상분열

夏秋之間 開黃花 하추지간 개황화

일년생 만초로 그 잎이 손처럼 갈라져 있고

여름과 가을 사이에 노란 꽃이 핀다.

―『중국차문화대사전』

ⓔ 고로(皐盧)에 대한 기록이 나온다.

葉大 味苦澁 似茗而非 엽대 미고삽 사명이비

南越茶雜致 煎此以代飲 남월다잡치 전차이대음

잎은 크고 맛은 쓰고 떫으며

모양은 차와 비슷하지만 같지는 않다.

남월에서는 차와 섞어서 차 대신 마신다.

―피일휴(皮日休)

**주10** 梔子

치자는 꼭두서니과에 속하는 상록관목으로 잎은 찻잎 비슷하나 약간 넓다.

## ● 해설

차의 생장지(生長地)와 성질(性質), 그리고 외모(外貌)를 점층적 기법으로 썼다.

## ● 출전

- 굴원의 『초사』 「귤송」
- 『다경』

### 3

沆瀣漱清碧玉條 항해수청벽옥조
朝霞含潤翠禽舌 조하함윤취금설

李白云 荊州玉泉寺 이백운 형주옥천사
淸溪諸山 有茗草羅生 청계제산 유명초나생
枝葉如碧玉 지엽여벽옥
玉泉眞公常采飮 옥천진공상채음

● 국역

밤이슬에 맑게 씻겨 벽옥 같은 줄기 되고
아침 안개 함빡 머금은 싹, 물총새의 혀라네.

이백이 말하기를
"형주 옥천사가 있는 청계의 여러 산에는
차가 많이 자라는데, 그 가지와 잎이 벽옥 같다.
옥천진공이 따서 항상 끓여 마셨다."

## ● 교주

- 청(淸)은 『다예관본』이나 『석오본』엔 청(靑)으로 표기되어 있으나 이백의 시에는 청(淸)으로 되어 있다.
- 윤(潤) 역시 『다예관본』에는 윤(閏)으로 되어 있으나 『석오본』엔 윤(潤)으로 되어 있어 윤(潤)으로 한다.

## ● 주

**주1** 沆瀣

이슬 기운으로 북방의 한밤에 내리며, 선인(仙人)들이 마신다.

陵陽子 春食朝霞 夏食沆瀣

능양자 춘식조하 하식항해

능양자는 봄에 아침 이슬 마시고 여름에는 항해를 먹었다.

―『열선전(列仙傳)』

粲六氣而飮沆瀣兮 찬육기이음항해혜

육기를 먹고 항해를 마신다네.

―굴원, 「원유(遠遊)」


주2 **翠禽舌**

취금(翠禽)은 물총새다. '물총새 혀'라는 뜻으로 작설과 같은 개념이다.


주3 **李白**

이백(李白, 701~762)은 당(唐)대의 유명한 시인이다. 촉의 수도인 창명(昌明) 사람으로, 이객(李客)의 아들이다. 자(字)는 태백(太白), 호(號)는 청련(靑蓮)인데, 출생지가 청련향(靑蓮鄕)이기 때문이다. 이백은 결혼 후 산동의 조래산(徂萊山)에서 은둔생활을 하다가 유랑(流浪) 중에 절강에서 도사 오균(吳筠)을 만나서 그의 소개로 비서감(秘書監) 하지장(賀知章)을 알게 되고, 현종으로부터 한림봉공(翰林供奉)에 제수(除受)되었다. 현종이 심향정(沈香亭)에서 양귀비(楊貴妃)와 모란(牡丹) 구경을 할 때, 청평조(淸平調) 삼장(三章)을 지어 바쳤다. 특히 그는 술과 달을 좋아한 호방불기(豪放不羈)한 천재 시인으로 당대는 물론 전 중국을 대표하는 시인이다. 달에 관한 시들을 많이 지었고, 죽음까지도 달과 연관 지어 미화했다.

주4 玉泉眞公

이백의 시 「답족질승중부증옥천선인장차 서(答族姪僧中孚贈玉泉仙人掌茶 序)」에 나오는 옥천사에 있던 스님이다. 옥천사는 수(隋)대에 천태종(天台宗) 제3조 지자(智者)대사가 머물면서 592년 이후 옥천사라 했고, 후에 대통신수(大通神秀)가 머물렀던 곳이다.


李白詩集序 荊州玉泉寺近 이백시집서 형주옥천사근
淸溪諸山 山洞往往有乳窟 청계제산 산동왕왕유유굴
窟中多玉泉交流 其水邊有茗草羅生
굴중다옥천교류 기수변유명초라생
枝葉如碧玉拳然重疊 其狀如手
지엽여벽옥권연중첩 기상여수
號爲仙人掌 蓋曠古未覯也 호위선인장 개광고미관야
惟玉泉眞公 常採而飮之 유옥천진공 상채이음지

年八十餘 顔色如桃花 연팔십여 안색여도화

此茗淸香滑熟 異於他産 차명청향활숙 이어타산

所以能還童振枯 扶人壽也 소이능환동진고 부인수야

…

僧中孚示李白呼仙人掌 梅聖兪詩

승중부시이백호선인장 매성유시

莫誇李白仙人掌 且作盧仝走筆章

막과이백선인장 차작노동주필장

이백의 시집 서문에 형주 옥천사 근처의 여러 산에는

산골짜기에 군데군데 종유굴이 있고 굴 안에는 옥 같은 샘물이 얽혀 흐른다.

그 물이 흘러내리는 주변에 차가 빽빽하게 자란다.

줄기와 잎이 벽옥을 포갠 듯하고 모양이 손 같아서 선인장이라 불렀으니

대개 옛날에는 보지 못한 것이다.

다만 옥천사의 진공화상이 항상 그것을 채취해서 달여 마셨는데

나이 팔십이 넘어서도 안색이 복사꽃처럼 붉었다.

이 차가 향이 맑고 부드러워 다른 곳에서 생산되는 것과는 달리

능히 시든 몸을 젊게 하여 사람의 목숨을 연장시키더라.

…

중 중부가 이백에게 보이니 선인장이라 이름 했다.

매요신의 시에 "이백의 선인장차만 자랑하지 마라 노동의 칠완다가도 있느니"라고 했다.

—유원장(劉源長), 『다사(茶史)』

### 🟢 해설

여기선 차나무의 줄기와 잎의 아름다움을 노래하여 차가 범상한 식물이 아님을 알리고, 더구나 그 약리적인 효과가 건강과 수명 연장에까지 관계있음을 말했다. 더구나 항해(沆瀣)나 벽옥조(碧玉條) 혹은 조하(朝霞) 같은 신비롭고 방외적(方外的)인 것들을 가져와서 차의 신비로움을 한층 더 고조시켰다.

## 4

天仙人鬼俱愛重 천선인귀구애중
知爾爲物誠奇絶 지이위물성기절

### 🟢 국역

천인, 신선, 사람, 귀신까지 누구나 몹시 사랑했으니
그대(차)의 됨됨이 참으로 기이하고 절묘함 알겠노라.

### 🟢 교주

- 선(仙)은 『다예관본』에는 선(仙), 『석오본』에는 고자(古字)인 선(僊)으로 되어 있다.

### 🟢 주

호거사(壺居士)가 쓴 『식기(食忌)』를 보면 '쓴 차를 오래 마시면 날개가 돋는다[苦茶久食 羽化]'는 이야기가 나온다.

夏侯愷因疾死 宗人字苟奴察見鬼神

하후개인질사 종인자구노찰견귀신

見愷來取馬 竝病其妻

견개래취마 병병기처

著平上幘 單衣入座生時西壁大牀

착평상책 단의입좌생시서벽대상

就人覓茶飮

취인멱다음

하우개가 병으로 죽었는데

친척인 '구로'라는 이가 능히 귀신을 볼 수 있어서 보니

하우개가 집에 와서 말을 몰고 나오면서 아내에게 병을 주었다.

홑옷에 평상책을 쓰고 살았을 때처럼

서쪽 벽의 큰 상 위에 앉아서

하인들에게 차를 가져오게 해서 마시더라.

—『다경』

苦茶久食 益意思 고다구식 익의사

쓴 차를 오래 마시면 생각에 이롭다.

—화타(華陀),『식론(食論)』

異苑 剡縣陳務妻

이원 섬현진무처

少與二子寡居 好飮茶茗

소여이자과거 호음차명

以宅中有古塚 每飮輒先祀之

이택중유고총 매음첩선사지

二子患之曰 古塚何知 徒以勞意

이자환지왈 고총하지 도이로의

意欲掘去之 母苦禁而止

의욕굴거지 모고금이지

其夜 夢一人云 吾止此塚三百餘年

기야 몽일인운 오지차총삼백여년

卿二子恒欲見毁 賴相保護 又享吾佳茗

경이자항욕견훼 뇌상보호 우향오가명

雖潛壤朽骨 豈忘翳桑之報

수잠양후골 기망예상지보

及曉於庭中獲錢十萬 似久埋者 但貫新耳

급효어정중획전십만 사구매자 단관신이

### 母告二子 慚之 從是禱饋愈甚

모고이자 참지 종시도궤유심

『이원』에 이르기를 섬현의 진무 처가 젊어서 과부가 되어

두 아들을 데리고 살면서 차 마시기를 좋아했다.

그런데 집안에 예로부터 오래된 무덤이 있기에

매양 차를 먼저 바치니 두 아들이 걱정스러워서

옛 무덤이 무슨 영험이 있기에 쓸데없이 애를 쓰시냐며

그 무덤을 파내버리려 하자 어머니가 억지로 말렸다.

그날 밤, 한 사람이 꿈에 나타나서 이르기를

"내가 이 무덤에 머문 지 삼백여 년인데

그대의 두 아들이 항상 파내려 하면

나를 보호해 주고 더구나 좋은 차까지 주니

내 비록 땅에 묻혀 뼈만 남았다고 하더라도

어찌 예상의 은혜를 잊을 수 있으리오" 했다.

새벽에 일어나 뜰에서 십만 금의 돈을 얻었는데

꿰미는 새것이나 돈은 땅에 오래 묻힌 것이었다.

어머니가 두 아들에게 그 이야기를 하니 부끄러워하며

그때부터 무덤에 공양을 잘했다.

—『다경』

苦茶輕身換骨 昔丹丘子 黃山君服之

고다경신환골 석단구자 황산군복지

쓴 차를 마시면 몸이 가벼워지고 신체구조가 달라진다.

옛날 신선 단구자와 황산군도 차를 마셨다.

— 도홍경(陶弘景), 『잡록(雜錄)』


天上有二神人 一名 神荼又一名鬱壘

천상유이신인 일명 신다우일명을루

하늘 위에 두 신인이 있었으니, 신다와 울루였다.

— 『산해경(山海經)』


古來聖賢俱愛茶 茶如君子性無邪

고래성현구애다 다여군자성무사

예로부터 성현들은 모두 차를 사랑했으니

차는 군자와 같아서 성품에 사악함이 없다네.

— 초의, 「봉화산천도인사다지작(奉和山泉道人謝茶之作)」

## 5

炎帝曾嘗載食經 염제증상재식경
주1

炎帝食經云
주2
염제식경운

茶茗久服 人有力悅志(云)

다명구복 인유력열지(운)


● 국역

신농씨도 일찍이 맛보고 식경에 실었다네.

염제 신농씨의 『식경』에 이르기를
"차를 오래 복용하면 힘이 생기고 뜻이 즐거워진다."


● 고주

● 열(悅)은 『다예관본』에는 황(怳)이나 『석오본』에는 열(悅)로 기록되었다.

● 주

주1 炎帝

염제신농씨로 중국 고대 전설적인 삼황(三皇) 중의 한 사람이다. 성은 강(姜)씨며 사람의 몸에 소의 머리[人身牛頭]를 한 화덕왕(火德王, 炎帝)이다. 농업을 처음 알게 한 농신(農神)으로 불을 사용했기에 열산씨(烈山氏)라고도 한다.

斲木爲耜 揉木爲耒 착목위거 유목위뢰
始敎畊 作蜡祭 시교경 작사제
嘗百草始有醫藥 상백초시유의약
都於陳 徙曲阜 도어진 사곡부

나무를 깎아 따비를 만들고
나무를 구부려서 쟁기를 만들었으며
밭갈이를 가르치고 납일에 제사를 올렸다.
온갖 풀들을 맛보아 약으로 쓰고
진에 도읍했다가 곡부로 옮겼다.

—『십팔사략(十八史略)』

주2 食經

음식에 관한 것을 기록한 책을 말한다.

---

『신농본초(神農本艸)』 3권은 『수서(隋書)』 「경적지(經籍志)」에 전한다.

⬇

『신수본초(新修本艸)』는 당(唐)대 이적(李勣)이 찬술(撰述)한 이후, 양(梁)나라의 도홍경(陶弘景)이 주(註)를 단 7권, 소공(蘇恭)과 장손무기(長孫無忌)가 증보한 53권이 전한다.

⬇

『본초습유(本草拾遺)』는 당(唐) 개원(開元) 연간 진장기(陳臟器)가 찬(撰)했다.

⬇

『본초강목(本草綱目)』은 명(明)대 이시진(李時珍)이 지은 52권의 약학서이다.

---

● 참고

삼황(三皇)에 대해 살펴보자.

㉠ 태호복희씨(太昊伏羲氏 : 風姓 : 燧人氏)는 뱀의 몸에 사람의 머리를 한 사신인수(蛇身人首)로 8괘(卦)를 만들었다.

㉡ 염제신농씨(炎帝神農氏)는 차를 약용으로 사용했다.

㉢ 황제헌원씨(黃帝軒轅氏 : 姬姓 : 有熊國의 임금)는 무기

(武器), 지남차(指南車), 주거(舟車), 역서(曆書), 율려(律呂), 신선술, 양생술, 소녀경, 내경 등을 만들었다.

오제(五帝)에 대해 살펴보자.

㉠ 소호금천씨(少昊金天氏)는 황제의 아들이다.
㉡ 전욱고양씨(顓頊高陽氏)는 황제의 손자로, 창의(昌意)의 아들이다.
㉢ 제곡고신씨(帝嚳高辛氏)는 소호(少昊)의 아들이다.
㉣ 제요도당씨(帝堯陶唐氏)는 곡(嚳)의 아들이다. 소보(巢父), 허유(許由)의 고사에 나온다.
㉤ 제순유우씨(帝舜有虞氏)는 고수(瞽瞍)의 아들이다. 역산경전(歷山耕田), 뇌택어목(雷澤漁牧), 하빈성기(河濱成器).

## ● 출전

- 『다경』「칠지사(七之事)」

## 6

醍醐甘露舊傳名 제호감로구전명
주1 주2

王子尙詣曇濟(雲齋)道人于八公山
　　주3　　　　　　주4　　　주5
왕자상예담재(운재)도인우팔공산

道人設茶茗(茗茶) 子尙味之曰 此甘露也

도인설다명(명다) 자상미지왈 차감로야

羅大經瀹湯詩
주6
나대경약탕시

松風檜雨到來初
　　　주7
송풍회우도래초

急引銅瓶離竹爐
　　주8　　주9
급인동병이죽로

待得聲聞俱寂後

대득성문구적후

一甌春雪勝醍醐

일구춘설승제호

● 국역

제호·감로 그 이름 예로부터 전해오네.

예장왕 자상이 팔공산의 담제도인에게 가니
도인이 차를 준비했다.
자상이 그것을 마셔보고 감로라고 했다.
나대경의 탕약시에
"솔숲에 바람 불고 비 내리는 소리 나면
급히 탕관을 죽로에서 내리고
끓는 소리 멎기를 기다린 후에 (마시면)
한 사발의 춘설은 제호보다 좋다네."

● 교주
- 『다예관본』은 담제(曇濟)를 운제(雲齋)라 표기했고 『석오본』에는 담제(曇濟)로 되어 있다.

## ● 주

**주1 醍醐**

우유에서 정제된 것 중에 마지막 정품(精品)을 말한다.

從乳出酪 從酪出生酥 종유출락 종락출생소

從生酥出熟酥 從熟酥出醍醐 종생소출숙소 종숙소출제호

우유에서 낙을 만들고 낙에서 생소를 만들고

생소에서 숙소를 만들고 숙소에서 제호를 만든다.

─『열반경(涅槃經)』

佛家以喩正法也 又喩人品之粹美也

불가이유정법야 우유인품지수미야

불가에서는 정법에 비유한다.

그리고 또 인품이 순수하고 아름다운 것에 비유하기도 한다.

─『한어대사전(漢語大詞典)』

**주2 甘露**

예전에 천하가 태평하면 내렸다는 비를 의미한다.

**古人謂天下泰平 則天降甘露** 고인위천하태평 칙천강감로

**漢宣帝元年 甘露降未央宮** 한선제원년 감로강미앙궁

옛사람들은 천하가 태평하면 하늘에서 감로가 내린다고 했다.

한나라 선제 연간에 미앙궁에 감로가 내렸다.

—『사략(史略)』

**甘露味如飴蜜 王者太平則降** 감로미여이밀 왕자태평칙강

감로의 맛은 엿이나 꿀과 같이 달고

임금이 정치를 잘해서 태평하면 내린다.

—『논어(論語)』

불전(佛殿)에 올리는 좋은 차.

범어(梵語)에 도리천(忉利天)의 불사천주(不死天酒)라 했다.

—『사원(辭源)』

주3 **王子尚**

　남조(南朝) 송(宋) 4대 왕 효무제(孝武帝, 재위 453~464)의 여덟째 아들이 신안왕(新安王) 자란(子鸞)이다. 부왕의 총애가 있어 양양왕(襄陽王)에 봉하자 이를 시기하던 형

폐제(廢帝)가 폐위되고 숙부 명제(明帝)가 즉위하여 그를 신안왕으로 봉했다. 무제의 둘째 아들 자상도 서양왕(西陽王)에서 예장왕으로 봉했다. 이후 명제가 죽고 형 폐제가 자결을 명해서 당시 열 살과 열여섯 살이었던 형제가 죽었다.

주4 曇濟道人

하동 사람으로 열세 살에 출가하여 팔공산 동산사(東山寺)에 있으면서 승 법요(法瑤)도 초대한 차의 달인이었다.

주5 八公山

안휘성(安徽省) 봉황현(鳳臺縣)에 있는 산으로, 『회남자(淮南子)』에 회남왕(淮南王) 유안(劉安)과 여덟 명의 현인(賢人)이 금단(金丹)을 먹고 승천한 곳으로 알려져서 묘각(廟閣)이 있다.

주6 羅大經

송대 여릉인(廬陵人)으로 자는 경륜(景綸)이라 하고 차를 좋아해서 『학림옥로(鶴林玉露)』를 썼다. 이남금(李南金)의 약다지법(瀹茶之法) 당용배이섭삼지제(當用背二涉三之際)를 변증했다.

其論固已精矣 然瀹茶之法 湯欲嫩而不欲老

기론고이정의 연약다지법 탕욕눈이불욕노

蓋湯嫩則茶味甘 老則過苦矣

개탕눈즉다미감 노즉과고의

若聲如松風澗水而遽瀹之

약성여송풍간수이거약지

豈不過于老而苦哉

기불과우노이고재

惟移瓶去火稍待沸其止而瀹之

유이병거화초대비기지이약지

然後湯適中而茶味甘

연후탕적중이다미감

此南金所未謂者也 因補以一詩 云

차남금소미위자야 인보이일시 운

松風檜雨到來初 急引銅瓶離竹爐

송풍회우도래초 급인동병이죽로

**待得聲聞俱寂後 一甌春雪勝醍醐**

대득성문구적후 일구춘설승제호

그의 논리가 아주 정묘하다.

그런데 차 달이는 법에 탕수가 좀 덜 끓은 것이

지나치게 끓은 것보다는 낫다.

대개 탕이 눈수이면 차맛이 달고 지나치게 끓으면 쓰다.

끓는 소리가 솔바람에 흐르는 물소리가 나면

곧 불에서 멀리해야 하니

어찌 너무 끓여서 차맛이 쓰게 할 수 있겠는가.

불에서 관을 꺼내서 조금 기다렸다가 차를 넣으면

차맛이 달게 되는데 이것을 이남금은 말하지 않았다.

그래서 시 한 수를 덧붙인다.

'솔바람과 잣나무 빗소리가 나면

곧 구리병을 죽로에서 내리고

끓는 소리 멎은 후에 우린

한 사발의 유화 뜬 차는 제호보다 낫다네.'

주7 **松風檜雨**

  솔숲에 바람 불고 비 내리는 소리, 곧 찻물이 끓는 소리다. 다른 말로 죽뢰송도(竹籟松濤), 세설비주(細雪飛珠)라고 표현하기도 한다.

주8 銅瓶

구리로 만든 탕병(湯甁), 곧 탕관(湯罐)이다.

洪州 以瓷爲之 萊州 以石爲之 홍주이자위지 내주이석위지
瓷與石皆雅器也 性非堅實 難可持久
자여석개아기야 성비견실 난가지구
用銀爲之 至潔 但涉於侈麗 용은위지 지결 단섭어치려
雅則雅矣 潔亦潔矣 若用之恒 而卒歸於鐵也
아칙아의 결역결의 약용지항 이졸귀어철야

홍주에서는 (솥을) 자기로 만들고 내주에서는 돌로 만든다.

자기든 돌이든 모두 우아한 그릇이나

견고한 성질은 아니어서 오래가지는 못한다.

은으로 만들어 쓰면 지극히 깨끗하지만

지나치게 사치스럽다고 간섭을 받는다.

우아한 것이 좋으면 우아한 것을 택하고

깨끗한 것이 좋으면 깨끗한 것을 택하지만

만약 오래 쓸 수 있는 것이라면 끝내 쇠에 귀착될 수밖에 없다.

─『다경』,「사지기(四之器)」, 복(鍑)


**瓶要小者 易候湯 又點茶 注湯有準**

병요소자 이후탕 우점다 주탕유준

**黃金爲上 人間以銀鐵或瓷石爲之**

황금위상 인간이은철혹자석위지

병은 작은 것이 긴요하니 탕을 끓이기가 쉽고

점다할 때 탕의 기준을 맞추기가 쉽기 때문이다.

황금으로 된 것이 좋으나

세속에서는 은이나 쇠, 혹은 자기나 돌로 만들어 쓴다.

─『다록』,「논다기(論茶器)」, 탕병(湯瓶)


육우(陸羽)와 채양(蔡襄)의 이 이론은 뒤에 도륭(屠隆)의 『다전(茶箋)』, 장겸덕(張謙德)의 『다경(茶經)』 등으로 이어지면서 같은 주장들이 나왔다. 그러나 모환문(毛煥文)의 『다경채요(茶經採要)』에 이르면 구리나 무쇠로 만든 것은 나쁘다고 했다.

주9 竹爐

상죽(湘竹)으로 만들어 위에 풍로와 관(罐)을 얹어 차를 달이게 하고, 다른 기구도 넣을 수 있게 만든 것이다.

명(明)대 고원경(顧元慶)이 교주(校註)한 전춘년(錢椿年)의 『다보(茶譜)』 서문(序文)에 죽로(竹爐)가 나오는데 『설부속본(說郛續本)』의 주에 "곧 고절군의 모양[卽苦節君像]"이라 하여 고절군과 같은 것임을 말했다. 나름(羅廩)의 『다해(茶解)』에서는 "풍로는 물을 끓이는 용구로 혹 질로 만들기도 하고 대나무로 만들기도 한다. 크고 적음은 끓이는 솥에 맞춘다[爐 用以烹泉 或瓦或竹 大小要與湯銚稱]"고 하여 대나무로 만든 것임을 알 수 있다.

## ● 출전

- 『다경』
- 『학림옥로』

# 7

## 解酲少眠證周聖 해정소면증주성
주1  주2

爾雅 檟苦荼(荼苦)
주3
이아 가고도(다고)

廣雅 荊巴間
주4  주5
광아 형파간

采(採)葉其飮醒酒 令人少眠
채(채)엽기음성주 영인소면

 국역

술 깨고 잠 적게 함은 (일찍이) 주공이 증명했다네.

『이아』에 가(檟)는 쓴 차라고 했고

『광아』에 형주와 파주 사이에는 찻잎을 따서 (우려) 마시니

술이 깨고 잠을 적게 한다고 했다.

## 주

**주1** 解酲

해장(解腸)과 같은 뜻으로 '술 속을 풀기 위해 해장국을 먹기 전이나 먹으면서 약간의 술을 마시는 것'을 뜻한다.

**주2** 周聖

무왕(武王)의 동생. 조카인 어린 성왕(成王)의 섭정(攝政)으로 선정을 베풀어 후대에 존경받게 되었다. 왕권이념(王權理念)과 덕치주의(德治主義)를 확립했다.

삼토반삼악발(三吐飯三握髮)은 주공이 섭정이 되어
정사를 볼 때, 밥 한 끼 먹을 동안에 찾아오는 이가 있으면
그 밥을 다 먹지 않고 뱉어버리고 만난 것이 세 번이고,
머리 한 번 감는 데에도 찾는 이가 많아서 세 번씩이나
중간에 머리를 말아 올리고 만났다는 고사이니,
즉 정사에 열중할 뿐 아니라 인재를 놓치지 않으려는
철저한 마음이 있었음을 말한다.

주3 爾雅

십삼경(十三經)의 하나로 주공이 썼다고 전해진다. 경서문자(經書文字)를 해설한 19권의 책으로 『이아주(爾雅註)』를 동진(東晋)의 곽박(郭璞)이 썼다.

주4 廣雅

북위(北魏)의 장읍(張揖)이 찬술(撰述)한 책이다. 병차(餠茶) 제법(製法)을 비롯하여 포다(泡茶), 음다(飮茶)에 대해서도 최초로 기술했다.

주5 荊巴間

호북(湖北)과 사천(四川)의 교계(交界) 일대. 형(荊)은 호북성(湖北省) 형주시(荊州市)이고, 파(巴)는 호북성 서부와 사천성 동부의 중경시(重慶市) 근처이다.

**廣雅 云 荊巴間 採葉作餠**
광아 운 형파간 채엽작병

**葉老者 餠成以米膏出之**
엽노자 병성이미고출지

欲煮茗飮 先炙令赤色 搗末 置瓷器中

욕자명음 선적영적색 도말 치자기중

以湯澆覆之 用葱 薑 橘子芼之

이탕요복지 용총 강 귤자모지

其飮醒酒 令人不眠

기음성주 영인불면

『광아』에 이르기를

"형주와 파주 지역에서는 찻잎을 따서 떡으로 만드는데

잎이 쇤 것은 (잘 엉기지 않으므로) 쌀 미음을 넣어서 만들었다.

차를 달이려면 먼저 붉은색이 나도록 구워서 가루가 나도록 찧은 다음

오지그릇에 넣고 파, 생강, 귤씨 등을 쏟아 부어서 끓인다.

그것을 마시면 술이 깨고 사람들로 하여금 잠을 자지 못하게 한다."

● 출전

- 『다경』「칠지사」

# 8

**脫粟伴菜聞齊嬰** 탈속반채문제영
　　주1

**晏子春秋　嬰相齊景公時**
　　주2
안자춘추 영상제경공시

**食脫粟飯 炙三戈五卵(卯) 茗菜(采)而已**
　　　　　　　　주3
식탈속반 자삼과오란(묘) 명채(채)이이

## 🟢 국역

제의 재상 안영도 현미밥에 나물반찬 먹었다 들었네.

안자춘추에 "제나라 경공 때의 재상 안영이

현미밥(거친 밥)과 구운 고기 세 꼬치에

달걀 다섯 개와 차 나물만을 먹었다"고 했다.

## 🌿 고주

● 삼과오란(三戈五卵)에서 과(戈)는 『다예관본』에 익(弋)으

로 잘못된 곳이 있어 바로잡았고, 난(卵)자도 중국 좌규의 백천학해본(百川學海本), 장종상(張宗祥)의 설부본(說郛本)에 묘(卯)자로 되었으나 『사고전서본(四庫全書本)』에 난(卵)으로 나와서 바로잡는다.

## ● 주

**주1 脫粟(飯)**

현미밥, 거친 밥. 탈속(脫粟)은 거피(去皮)만 하고 정제(精製)되지 않은 쌀을 말한다.

**주2 晏子春秋**

안영(晏嬰, 기원전 580~500)은 제(齊)의 영공(靈公), 장공(莊公), 경공(景公)을 섬긴 명상(名相)으로 검소(儉素)한 정치인이었다. 사마천(司馬遷)의 『사기(史記)』에서 그를 높이 평했으며, 춘추시대(春秋時代)를 산 안영의 언행(言行)을 기록한 『안자춘추(晏子春秋)』가 전한다.

주3 炙三戈五卵

'구운 고기 세 꼬치와 달걀 다섯 개'란 음식의 양을 말하는 것이 아니고 종류와 가짓수의 적음을 뜻한다. 특히 당시의 중국 사회에서는 신분에 따라 상에 오르는 음식의 질과 수가 달랐다.

晏子相齊 衣十升之布 食脫粟飯 안자상제 의십승지포 식탈속반
炙三戈五卵(卯) 茗菜(采)而已 적삼과오란(묘) 명채(채)이이
左右以告公 公爲之封邑 좌우이고공 공위지봉읍
使田無宇致臺與無鹽 사전무우치대여무염
晏子對曰 안자대왈
昔吾先君太公受之營丘 석오선군태공수지영구
爲地五百里 爲世國長 위지오백리 위세국장
自太公至于公之身 有數十公矣 자태공지우공지신 유수십공의
苟能說其 君以取邑 云云 遂不受 구능열기 군이취읍 운운 수불수

안자가 제나라[8]의 재상으로 있을 때 십승의 험한 옷을 입고 현미밥에 세 꼬치의 구운 고기와 알 다섯 개에 차나물 반찬뿐이었다.

---

8) 춘추시대에 여상(呂尙) 강태공(姜太公)이 봉해진 나라.

좌우에서 임금께 고하니

임금이 전무우로 하여금 치대와 무염을 봉읍으로 주려 하니

안자가 대답해 가로되

"옛날 우리 선군인 태공께서 오백 리 정도 되는

영구의 땅을 봉토로 받아, 세상에서 가장 강한 임금이 되었는데

그 태공으로부터 지금의 임금인 당신에게까지

수십의 임금이 있었는데

진실로 그들의 뜻대로 땅을 나누어 주었다면…

그래서 나는 봉읍을 더 받을 수 없습니다."

―『안자춘추』

 출전

- 『다경』「칠지사」

## 9

虞洪薦犧(餼)乞丹邱
　　주1　　　　주2
우홍천희(희)걸단구

毛仙示藂引秦精
　　　　주3
모선시총인진정


神異記 餘姚虞洪 入山采茗 遇一道士
　주4　　주5
신이기 여요우홍 입산채명 우일도사

牽三靑牛 引洪至瀑布山曰 予丹邱(丘)子也
　　주6　　　　　주7
견삼청우 인홍지폭포산왈 여단구(구)자야

聞子善具飮 常思見惠(惠見) 山中有大茗 可相給
문자선구음 상사견혜(혜견) 산중유대명 가상급

祈子他日 有甌犧(餼)之餘 乞相遺也
　　　　　　주8
기자타일 유구희(희)지여 걸상유야

因(回)奠祀後入山 常獲大茗
인(회)전사후입산 상획대명

宣城人秦精 入武昌山中採茗 遇一毛人 長丈餘
　　주9　　　주10　　　　　주11　　주12
선성인진정 입무창산중채명 우일모인 장장여

引精至山下 示以藂茗而去

인정지산하 시이총명이거

俄而復還 乃探懷中橘以遺精

아이부환 내탐회중귤이유정

精怖負茗而歸

정포부명이귀



● 국역

우홍은 제를 올리고 단구자의 차를 얻었고
모선은 진정에게 차의 숲을 알려주었다네.

『신이기』에 이르기를
"여요 사람 우홍이 산에 가서 차를 따다가
한 도사를 만났는데 그는 세 마리의 청우를 이끌었다.
우홍을 이끌고 폭포산에 이르러 말하기를 나는 단구자일세.
듣자니 그대가 차에 관한 것에 익숙하여
모자람이 없이 하여 마신다기에
항상 만나서 얻어 마시기를 바랐다네.

이 산 속에 차가 많이 있으니

(그대에게 소요되는 차로서) 넉넉할 것이오.

그대에게 바라건대 훗날 제를 올리는 잔에 여분이 있거든

나에게도 좀 남겨주구려.

돌아온 후 제사를 지내고 산에 들어가면

언제나 많은 차를 얻었다.

선성 사람 진정이 무창산에 들어가 차를 따다가

한 모인(毛人)을 만났는데, 키가 열 자나 되었다.

그가 진정을 이끌고 산 아래 이르러

빼곡한 차밭을 보여주고 가더니

조금 뒤에 다시 돌아와 품에서 귤을 꺼내 진정에게 주었다.

정이 두려운 생각이 들어 차를 지고 돌아왔다."

## 🟢 교주

- 희(犧)는 『다예관본』에 희(饍)자로 나와 있으나 『석오본』의 것으로 바로잡았다.
- 총(蘩)은 『다예관본』이나 『석오본』, 『다송자본』에 총(裵)자를 쓰고 있으나 『식물명실도고장편본(植物名實圖考長

編本)』에는 총(叢)을 썼고, 설부본『다경』에는 총(藂)을 쓰고 있어서 바로잡는다. 총(叢)과 총(藂)은 같은 뜻이다.

● 인(因)을 회(回)로 쓴 곳은 잘못된 것으로, 인(因)으로 바로잡는다.『다경』에는 "인입전사(因立奠祀)",『사고전서』에는 "홍인설전사지후(洪因設奠祀之後)"로 되어 있다.

## ● 주

**주1** 虞洪

서진(西晉) 회제(懷帝) 때 절강(浙江) 소흥(紹興) 사람으로『수신기』에 나온다.

**주2** 丹邱

신선들이 사는 땅 이름으로 중국 절강성(浙江省)에 있다. 단구자(丹丘子)는 전설에 나오는 단구의 신선을 말한다.

**주3** 藂

총(叢)과 같다. 총(藂)자를 쓴 곳도 있다.

주4 神異記

전한 무제 때 동방삭(東方朔)이 지었다는 설화 책이다.


주5 餘姚

절강성 여요현(餘姚縣)을 말한다.


주6 靑牛

도가(道家)에서 신성시하는 승물(乘物)로 신선, 도사가 타는 검은 털의 소를 말한다. 그래서 노자(老子)를 청우옹(靑牛翁), 청우사(靑牛師)라 칭한다.


列異傳 老子西遊 열이전 노자서유

關令尹喜望見 有紫氣浮關 관령윤희망견 유자기부관

而老子果乘靑牛而過 이노자과승청우이과

今陝西省華陰縣 東華嶽廟中 금섬서성화음현 동화악묘중

有靑牛樹 相傳爲老子繫靑牛處 유청우수 상전위노자계청우처

『열이전』에 이르기를

"노자가 서쪽으로 노닐 때 관령인 윤희가 바라보니

자색 기운이 관을 감싸고 노자가 과연 청우를 타고 지나가더라.

지금의 섬서성 화음현에 동화악묘 안에 청우수라는 나무가 있으니
전하기를 노자가 청우를 매어 놓고 쉬던 곳이라 한다."


駕靑牛 乘赤鯉 驂白鹿 가청우 승적리 참백록
騎黃鶴 寶馬雕鞍最好 기황학 보마조안최호
청우를 타고, 적리를 타고, 백록을 타고, 황학을 타고,
좋은 말에 아름다운 안장을 놓고 타는 것이 제일 좋다.

— 명(明) 가명중(賈仲名)


千年木精所變之牛 천년목정소변지우
山有大松 或千歲 其精變爲靑牛 산유대송 혹천세 기정변위청우
천 년이나 묵은 나무의 정령이 변해서 청우가 된다.
산에 나무가 있는데 혹 천 년이 넘었다고 하는데
그 정령이 변해서 청우가 되었다.

— 『태평어람(太平御覽)』, 「숭고기(崇高記)」


### 주7 瀑布山

여요현(餘姚縣) 서남 60리에 있는 백수산(白水山)에 폭포령(瀑布嶺)이 있다.

**餘姚縣生瀑布泉嶺曰仙茗** 여요현생폭포천령왈선명

**大者殊異 小者與襄州同** 대자수이 소자여양주동

여요현의 폭포령에서 생산되는 선명은

큰 것은 다르나 작은 것은 양주에서 나는 것과 같다.

— 『다경』


주8 **甌犧**

구(甌)는 찻사발이고 희(犧)는 나무로 된 표(杓)를 말한다. 여기선 '당신이 사발이나 국자로 차를 마시고 (여유가 있으면 나에게 남겨주길 바란다)'는 뜻이다. 『태평어람』의 '구의(甌蟻)'로 해석하면 '찻사발 안의 차 가루'란 뜻이다. 『다경주해(茶經註解)』(이른아침)「사지기(四之器)」의 표(瓢)를 참고한다.


주9 **宣城人秦精**

선성(宣城)은 안휘성(安徽省) 선성현(宣城縣)을 의미한다. 진정(秦精)은 서진(西晉) 무제(武帝)인 사마염(司馬炎) 때 선성 사람으로 차를 즐겼다. 이 이야기는 도잠(陶潛)의 『속수신기(續搜神記)』에 나온다.

주10 **武昌山**

    호북성(湖北省) 악성현(鄂城縣) 남쪽에 있는 산으로, 삼국시대 오(吳)의 손권(孫權)이 도읍을 정했던 곳이다.

주11 **毛人**

    전설 속의 선인, 혹은 야인(野人)을 말하기도 한다. 『열선전(列仙傳)』에 모녀(毛女)가 나온다.

**羽客期燒藥 毛人約卜鄰** 우객기소약 모인약복린

신선이 약 달여 주기로 하고 모인은 이웃에 살기로 했다.

                                                      —육유(陸游), 『추흥(秋興)』

**古之仙女 字玉姜 在華陰山中 遍體生毛**

고지선녀 자옥강 재화음산중 편체생모

**自言秦始皇宮人 流亡入山 食松葉 遂不飢寒**

자언진시황궁인 유망입산 식송엽 수불기한

옛날 선녀 옥강은 화음산 속에 있었는데

온몸이 털로 덮여 있었다.

스스로 말하기를 진시황의 궁인이었는데

산속으로 피해 와서 솔잎만 먹어도

추위와 배고픔을 몰랐다고 했다.

— 『열선전』

### 주12 長丈餘

키가 일장(一丈, 10척) 약 3미터 정도로 장부(丈夫)라는 말이 여기서 나왔다.

## ● 출전

- 『다경』「칠지사」

## 10 潛壤不惜謝萬錢 잠양불석사만전
주1

異苑 剡縣陳務妻 少與二子寡居 好飮茶茗
주2  주3      주4

이원 섭현진무처 소여이자과거 호음다명

宅中有古冢 每飮輒先祭之 二子曰 古冢何知

택중유고총 매음첩선제지 이자왈 고총하지

徒勞人意 欲堀(掘)去之 母禁而止 其夜夢 一人云
주5

도로인의 욕굴(굴)거지 모금이지 기야몽 일인운

吾止此三百餘年 卿子常欲見毁 賴相保護

오지차삼백여년 경자상욕견훼 뇌상보호

反享佳茗 雖潛壤朽骨 豈忘翳桑之報
주6

반향가명 수잠양후골 기망예상지보

及曉於庭中 獲錢十萬(金)

급효어정중 획전십만(금)

 국역

땅 속의 혼백도 많은 돈 아낌없이 사례했다네.

이원에 이르기를 "섬현에 사는 진무의

아내가 젊어서 혼자 되어

두 아들과 같이 살면서 차 마시기를 좋아했다.

집안에 옛 무덤이 있는데 매양 차를 마실 때마다

먼저 거기에 차로 제를 올렸다.

두 아들이 말하기를 '옛 무덤이 무엇을 알겠습니까?

공연히 헛수고를 하십니다' 하고

그 무덤을 파내버리려 하다가

어머니가 말려서 그만두었다.

그날 밤 꿈에 한 사람이 나타나

'내가 여기 묻힌 지 삼백 년이나 되었는데

그대의 아들들이 항상 파버리려 했는데

그대가 나를 보호해 주었을 뿐 아니라

도리어 좋은 차까지 주었으니

비록 땅속에 묻힌 썩은 몸일지라도

어찌 예상의 보은을 잊어버릴 수 있겠소'라고 했다.

날이 밝아지자 뜰에서 돈 십만 금을 얻었다."

## 교주

- 이원(異苑)은 거의 모든 판본에 울(菀)로 되어 있는데 오자(誤字)로 보인다. 『다경』에도 이원(異苑)으로 나와 있고 진무처의 이야기는 『이원』에 실려 있다.
- 『사고전서본』에는 과(寡)가 소(少) 다음에 있다.

## 주

**주1 潛壤**

잠양후골(潛壤朽骨)의 준말이다.

**주2 異苑**

남송 대에 유경숙(劉敬叔, 390~470)이 쓴 괴담집(怪談集)이다.

**주3 剡縣**

절강성 섬계(剡溪) 옆에 있던 고을이다. 섬등지(剡藤紙)라는 종이의 생산지로 유명하다.

주4 陳務妻

원래 『고저산다기(顧渚山茶記)』에 나오는 이야기를 『이원』에 기록했다.

주5 徒勞人意

도이노의(徒以勞意)와 같은 말로 '사람의 뜻이 아무 소용없이 헛되다'는 뜻이다.

주6 翳桑之報

『춘추좌전(春秋左傳)』에 춘추시대 진(晉) 영공(靈公)의 대부(大夫)인 조순(趙盾)이 예상(翳桑)에서 사냥을 하다가 굶주림으로 죽어가고 있는 영첩(靈輒)과 그 어미에게 음식을 제공해서 살렸다는 이야기가 나온다. 훗날 영공이 순을 죽이려고 할 때 영공의 갑사로 있던 영첩이 창을 거꾸로 들고 찔러 그를 구하여 살렸다. 예상(翳桑)은 지명이다.

## ● 출전

- 『다경』「칠지사」

## 11

鼎食獨稱冠六淸(情) 정식독칭관육청(정)
　　주1　　　　주2

張孟陽登樓詩 장맹양등루시
　　주3　　주4
鼎食隨時進 정식수시진
　주5
百和妙且(具)殊 백화묘차(구)수
芳茶冠六淸(情) 방다관육청(정)
溢味播九區 일미파구구
　　　주6

● 국역

솥 음식 중에 유독 차만이 여섯 음료의 으뜸이라네.

장재가 쓴 '성도옥토루에 올라'라는 시
온갖 좋은 음식 때맞춰 오르니
그 맛 어울려 절묘하게 뛰어나네.
향기로운 차는 육청의 윗자리고
넘치는 맛은 온 세상에 퍼진다네.

● 교주

- 맹양(孟陽)에서 『다예관본』의 탕(湯)은 양(陽)자의 오기다.
- 육청(六淸)은 거의 모든 판본에 육정(六情)으로 나와 있으나 『북당서초인본(北堂書鈔引本)』에 육청(六淸)으로 표기한 것으로 바로잡는다.

● 주

주1 鼎食

솥에서 만든 좋은 음식, 호사스런 생활의 음식을 뜻한다.

故凶饑存乎國 人君徹鼎食五分之五

고흉기존호국 인군철정식오분지오

옛날 나라에 흉년이 들면

임금은 자신의 식사를 다섯으로 나누어 먹었다.

―묵자(墨子)

**鼎食非吾事 雲山賞我期**

정식비오사 운산상아기

좋은 음식은 내가 바라는 바가 아니고

자연은 언제나 가까이하고 싶노라.

―송(宋) 장구령(張九齡)

주2 **六淸**

여섯 가지 좋은 음료를 의미한다. 『주례(周禮)』에 실려 있는 "모든 왕의 식사에는 … 육청을 마신다[凡王之饋 … 飮用六淸]"에 대한 정현(鄭玄)의 주(註)를 보면, "육청(六淸)은 물[水], 미음[漿], 감주[醴], 양[酏/寒粥, 곧 찬 음료], 의[醫, 釀粥爲醴則爲醫, 粥加糱釀成甛酒], 묽은 죽(酏/薄粥, 기장 술)"이라 했다.

㉠ 포목조풍(布目嘲渢)은 물, 진한 초(곡물로 만든 술), 감주, 양, 식혜[醬], 기장 술로 보았다.

㉡ 김명배는 물, 장(곡물로 만든 음료), 단술, 전술[醇], 식혜, 엿물로 보았다.

㉢ 정영선은 물, 미음, 단술, 맑은 장, 매실초, 기장 술로 보았다.

㉤ 김대성은 물, 미음, 단술, 전술[醇], 감주[醬], 약술로 보았다.

㉮ 《월간 다도》는 물, 미음, 단술, 식은 죽[酪], 감주[醫], 미음[酏]으로 보았다.

㉯ 서정흠은 물, 과일즙, 단술, 전술[청주醇], 감주, 기장 술로 보았다.

㉰ 김봉건은 물, 과일즙, 단술, 청주[醇], 장(醬), 물엿으로 보았다.

㉱ 윤병상은 물, 미음, 맑은 술, 진국 술, 감주, 기장 술로 보았다.

茶於吳會爲六淸上齊 다어오회위육청상제
乃自大梁迤北便食鹽茶 내자대양이북편식염다
北至關中則熬油極炒 북지관중즉오유극초
用水烹點之 以酥持敬上客 용수팽점지 이소지경상객

차는 오군과 회계(會稽) 지방에서는

육청을 내는 것보다 더 공손한 것이니

이에 대양(大梁)으로부터 차츰 북으로 가서

소금 넣은 차를 마시게 되었다.

북의관중에 이르면 기름에 많이 볶아서

물에 끓여 소(酥)와 함께 내면 상객으로 존경하는 것이다.

— 요사린(姚士麟), 『견지편(見只編)』

혹 '육정(六情)'으로 보아 '차는 희(喜)·로(怒)·애(哀)·락(樂)·애(愛)·악(惡)을 다스리는 음료다'라고 해석하기도 하나 좋은 방법이 못된다. 정(情)은 청(淸)의 오기로 본다. 『사고전서본』, 『고금도서집성본(古今圖書集成本)』, 『서탑사본(西搭寺本)』, 『백천학해본(百川學海本)』 등에는 육정(六情)으로, 『북당서초인본(北堂書鈔引本)』에는 육청(六淸)으로 표기했다. 현재 중국에는 거의 청(淸)으로 표기한다.

주3 **張孟陽**

이름은 재(載)이고 맹양(孟陽)은 자(字)이며, 남북조시대 안평인(安平人)이다. 아버지가 촉군(蜀郡) 태수(太守)로 있을 때 방촉(訪蜀) 도중에 검각산(劍閣山)에서「검각명(劍閣銘)」을 써서, 문명을 날렸다. 동생 협(協)도 『칠명(七命)』이란 작품으로 형보다 많이 알려진 문인이다.

주4 登樓詩

「등성도백토루(登成都白兎樓)」는 성도의 백토루에 올랐다가 지은 시다.

重城結曲阿 飛宇起層樓　중성결곡아 비우기층루
累棟出雲表 嶢孽臨太虛　누동출운표 요얼임태허
高軒啓朱扉 回望暢八隅　고헌계주비 회망창팔우
西瞻眠山岑 嵯峨似荊巫　서첨면산령 차아사형무
蹲鴟蔽地生 原隰植嘉蔬　준치폐지생 원습식가소
雖遇堯湯世 民食恒有餘　수우요탕세 민식항유여
郁郁少城中 岌岌百族居　욱욱소성중 급급백족거
街術紛綺錯 高甍夾長衢　가술분기착 고맹협장구
借問揚子舍 想見長卿廬　차문양자사 상견장경려
程卓累千金 驕侈擬五侯　정탁누천금 교치의오후
門有連騎客 翠帶腰吳鉤　문유연기객 취대요오구
鼎食隨時進 百和妙且殊　정식수시진 백화묘차수
披林採秋橘 臨江釣春魚　피림채추귤 임강조춘어
黑子過龍醢 果饌踰蟹蝑　흑자과용해 과찬유해서
芳茶冠六清 溢味播九區　방다관육청 일미파구구

**人生苟安樂 茲土聊可娛** 인생구안락 자토료가오

튼튼한 성 굽이돌아 이어지고 날아갈 듯한 누각 층층이 서 있네.

이어진 기둥 구름 위에 솟아 높고 가파르게 하늘에 닿았다네.

드높은 마루에서 붉은 문 열고 바라보니 온 우주 막힘이 없네.

서쪽으로 바라보이는 민산의 재 높이 솟은 모습 형주의 무산을 닮았네.

큰 토란은 땅을 덮어 자라고 촉촉한 곳에는 좋은 나물 심었다네.

요와 탕의 세상을 만난 듯 백성들은 언제나 먹을 것 넘치네.

번화한 작은 성 안에는 번창한 많은 집안들 살고 있고

거리엔 비단옷 입은 사람들 섞여 업에 종사하고

높은 대마루는 긴 거리 끼고 있네.

양웅의 옛집 어디쯤인지 물어보고, 사마장경의 집을 그려본다네.

정정과 탁왕손이 큰 부자 되어 교만과 사치가 오후에 비겼으니

문 앞엔 말 탄 손들 줄을 잇고 허리엔 비취장식의 허리띠와 오구를 찼다네.

온갖 좋은 음식 때맞춰 오르니 그 맛 어울려 절묘하게 뛰어나네.

가을엔 숲을 헤쳐 귤을 따고 봄에는 강가에서 고기를 낚는다네.

검은 고기 용해보다 좋고 과일 안주는 게젓보다 낫다네.

향기로운 차는 육청의 윗자리고 넘치는 맛은 온 세상에 퍼진다네.

만약 삶을 정말 즐기고자 한다면 이 땅(성도)이 아주 즐길 만한 곳이라네.

—『전진시(全晉詩)』, 권4

주5 鼎

정(鼎)의 역사적 의미는 다음과 같다.

㉠ 제후(諸侯)는 오정식(五鼎食－牛, 羊, 豕, 魚, 鹿), 경대부(卿大夫)는 삼정식(三鼎食)을 먹었다.

㉡ 정식명종(鼎食鳴鐘)은 '부귀한 집안의 사치스런 음식'을 말한다.

將期乎鼎食鳴鐘 장기호정식명종

장차 부귀한 집에서 사치스런 음식을 기약하네.

―송(宋) 왕우칭(王禹偁)


주6 九區

가) 구주, 곧 온 천하의 뜻을 의미한다.

古分天下爲九州 而制各不同 夏制 商制 周制

고분천하위구주 이제각불동 하제 상제 주제

옛날에는 천하를 구주로 나누었는데

그 각각의 제도가 같지 않아서 하제, 상제, 주제 등이 있었다.

―『사해(辭海)』

나) 구정(九鼎)에 대한 기록도 있다.

禹收九牧之金 鑄九鼎 象九州 우수구목지금 주구정 상구주

湯遷九鼎於商邑 武王二十七年 탕천구정어상읍 무왕이십칠년

移於洛邑 傳國之重器 이어낙읍 전국지중기

秦時一入泗水 八入秦 後無考 진시일입사수 팔입진 후무고

우임금이 구주의 금을 모아서 아홉 개의 솥을 주조하여

구주의 모양을 본 땄다.

탕이 구정을 상읍으로 옮기고 무왕 27년에 낙읍으로 옮겨

나라의 귀중한 그릇으로 전해졌다.

진나라 때 그 하나가 사수에 빠지고 여덟 개만 진으로 들어왔으나

그 뒤에는 상고한 바가 없다.

—『사원(辭源)』

## 출전

- 『다경』「칠지사」

## 12 開皇醫腦傳異事 개황의뇌전이사
주1

隋文帝微時夢 神易其腦骨 自爾(而)痛
수문제미시몽 신역기뇌골 자이(이)통

忽遇一僧云 山中茗草可治
홀우일승운 산중명초가치

帝服之有效 於時 天下始知飲茶
제복지유효 어시 천하시지음다

● 국역

수 문제의 두통을 고친 신이한 일 아직도 전해오네.

수 문제가 등극하기 전에 꿈을 꾸었는데
귀신이 나타나서 그의 뇌 골을 바꾸어 버렸다.
그로부터 두통이 생겼는데 홀연히 한 스님을 만나니
'산중에 있는 차나무로 고칠 수 있다'고 했다.
황제가 먹으니 효험이 있었다.

이로부터 천하의 사람들이 차 마시는 것을 알게 되었다.

## 주

주1 開皇

수(隋)의 개조(開祖)인 양견(楊堅)을 가리킨다. 섬서(陝西) 화음(華陰)의 호족(豪族) 출신으로 딸 여화(麗華)를 북주(北周) 선제(宣帝)의 비(妃)로 들이고, 그 소생인 어린 외손 정제(靜帝, 579~581)의 섭정으로 권력을 잡아 황제가 되었다. 이로부터 황실에서 차에 관심을 가져서 차가 널리 보급되었다.

## 출전

- 『사고전서』

## 13

雷笑茸香取次生 뇌소용향취차생
　　주1　주2

唐覺林寺 僧志崇 製茶三品

당각림사지 승승 제다삼품

驚雷筴待客(笑自奉)

경뇌협대객(소자봉)

萱草帶自奉(供佛)

훤초대자봉(공불)

紫茸香供佛(待客)云

자용향공불(대객)운

### 🟢 국역

뇌소와 용향이 차례로 만들어졌네.

당나라 각림사의 스님 지숭이 차를 세 품등으로 만들었다. 경뇌협으로 손님을 대접하고 훤초대는 자신이 마시고 자용향은 부처님께 공양했다고 한다.

## 주

**주1** 雷笑

경뇌협(驚雷莢)을 줄여서 쓴 것으로 본다. 책마다 인용된 부분이 다르고, 사람마다 해석이 달라 확실하지 않다. 그래서 여러 기록과 의견을 제시하여 다시 정리해 보았다.

㉠ 覺林僧志崇 收茶三等 待客以驚雷莢

각림승지숭 수다삼등 대객이경뇌협

自奉以萱草帶 供佛以紫茸香

자봉이훤초대 공불이자용향

—모문석(毛文錫)의 『다보(茶譜)』, 『백미고사(白眉故事)』, 『사고전서』

㉡ 覺林僧志崇 製茶有三等 待客以驚雷莢

각림승지숭 제다유삼등 대객이경뇌협

自奉以萱草帶 供佛以紫茸香

자봉이훤초대 공불이자용향

—남송(南宋) 우재(虞載), 『합벽사류(合璧事類)』

ⓒ 覺林院志 崇收茶三等 待客以驚雷莢

각림원지 승수다삼등 대객이경뇌협

自奉以萱草帶 供佛以紫茸香

자봉이훤초대 공불이자용향

蓋最上以供佛 而最下以自奉也

개최상이공불 이최하이자봉야

— 『만구지(蠻甌志)』, 진종무(陳宗懋)의 『중국다경(中國茶經)』


ⓒ 覺林院僧 收茶三等 待客以驚雷莢

각림원승 수다삼등 대객이경뇌협

自奉以萱草帶 供佛以紫茸香

자봉이훤초대 공불이자용향

— 『다사(茶史)』


ⓒ 唐覺林寺僧 志崇 製茶三品

당각림사승 지숭 제다삼품

驚笑自奉 萱草帶供佛 紫茸香待客云

경소자봉 훤초대공불 자용향대객운

— 『다예관본』, 『석오본』, 『경암본』, 『불교전서본』

㈥ 唐覺林寺僧 志崇 製茶三品

당각림사승 지숭 제다삼품

驚雷笑自奉 萱艸帶供佛 紫茸香待客

경뢰소자봉 훤초대공불 자용향대객

—『다송자본』, 『석경각본』

우선 당(唐)자는 시대를 나타내는 것이니 우리로서는 쓸 만한 글자이다. 각림사(覺林寺)냐 원(院)이냐의 문제도 크게 문제될 것은 없으니, 불사(佛寺)를 원(院)으로 표현한 일이 많기 때문이다. 다음은 스님 이름이 지숭(志崇)이냐, 지(志)는 기록이고 이름은 숭(崇)이냐의 문제이다. 중국의 기록들 중 『중국다경』만 빼고는 모두 스님 이름이 지숭(志崇)이라고 해석할 수 있다. 그런데 우리 기록은 모두 지숭을 이름이라고 생각해서 지(志)자의 위치를 아예 바꾸어놓았다. 하지만 『다예관본』, 『석오본』, 『경암본』, 『불교전서본』의 마지막에 운(云)자를 쓴 것은 지(志)가 기록물이어야 맞다. '일반인들이 그렇게 말했다'고 해석해도 말끔하지가 않다. 다음은 세 가지 차의 소용이 다르게 어우러진다는 것이다. 자세히 보면 중국 기록은 모두 순서가 일정하게 같은데, 우리 것은 모두 바뀌어 있다. 더구나

『만구지』와 『중국다경』에서는 그 까닭을 설명까지 하고 있으니, 시대적으로 보더라도 중국 쪽 기록이 옳다고 본다.

마지막으로 중국 쪽에서 모두 경뇌협(驚雷莢)이라고 쓴 것을 경뇌소(驚雷笑), 혹은 뇌소(雷笑)라 쓴 것에 관한 생각들이다.

㉠ 김명배, 용운, 정영선 등은 오기로 본다.
㉡ 김대성은 의도적으로 소(笑)를 썼다고 본다.

'소(笑)'자가 보이는 것은 『동다송』 이후이므로 초의의 원본을 후에 모사하는 사람이 잘못 옮긴 것으로 보인다. 누구 하나가 잘못 쓰면 뒤에는 계속 오기가 되기 마련이다. 왜냐하면 현재 전하는 『동다송』은 초의 친필로 된 것이 없고 전사본만이 전하기 때문이다. 뒤에 추사와 함께 차를 마신 글에는 '협(莢)'자를 쓰고 있다. 유원장의 『개옹다사(介翁茶史)』에도 분명히 경뇌협으로 쓰였고, 초의가 그 이름을 잘못 알지도 않았을 것이 분명하니 전사(傳寫) 과정에서 오자가 났을 것으로 보인다. 게다가 두 글자는 모양도 비슷해 더욱 오기하기 쉬웠을 것이다.

袖裏尚餘驚雷笑 수리상여경뇌소

—「석천전다(石泉煎茶)」

滿鍾雷笑 만종뇌소

—신헌구(申獻求)의 『동다송』 발(跋)

手煎雷莢雪乳同傾 수전뇌협설유동경

—「완당김공제문(阮堂金公祭文)」

『사천통지(四川通志)』를 보면 뇌명차(雷鳴茶)에 대한 기록이 나온다.

蒙山有僧 病冷且久 몽산유승 병냉차구
遇老父曰 仙家有雷鳴茶 우노부왈 선가유뢰명차
俟雷發聲乃茁 可幷手于中頂採摘
사뢰발성내줄 가병수우중정채적
服未竟病瘳 복미경병채
僧健至八十餘 入青城山 不知所之
승건지팔십여 입청성산 불지소지

몽산에 스님이 있었는데 냉병이 오랫동안 낫지 않더니

우연히 만난 늙은이가 선가에 뇌명차가 있는데

우레가 칠 때를 기다려 싹이 나면 여럿이 한꺼번에 따서 만든다.

이것을 다 마시지도 않아서 병이 다 나았다.

그리고 건강하게 팔십여 세까지 살다가

청성산에 들어간 후 소식을 알 길이 없다.

—『사천통지(四川通志)』

주2 茸香

자용향(紫茸香)이라는 차 이름을 줄여서 말한 것이다.

## ● 해설

정성스럽게 차를 만들어서 소중한 순으로 사용했다.

## ● 출전

- 모문석『다보』

## 14

巨唐尚食羞百珍
　　주1　주2
거당상식수백진

沁園唯獨記紫英
　주3
심원유독기자영

唐德宗 每賜同昌公主饌
　주4
당덕종 매사동창공주찬

其茶有綠花紫英之號
　　　　　　주5
기다유록화자영지호

● 국역

당나라 상식(尙食)이 온갖 진귀한 음식 올리면서
오직 심원에는 자영차만 적혀 있네.

당나라 덕종이 매양 동창공주에게 음식을 내릴 때마다
그 차에는 녹화와 자영이라는 이름 있었다네.

## 주

**주1** 尙食

진(秦)대 황제의 식사를 맡은 벼슬이다.

古天子掌膳之官也 고천자장선지관야

後漢以後太官 北齊有尙食局 후한이후태관 북제유상식국

…

尙膳監 상선감

옛날 황제의 식사를 맡았던 관직이다.

후한 이후에 태관이 했고, 북제에는 상식국이 있었다.

…

후에 상선감이 되었다.

―『사해(辭海)』

尙食掌膳羞之事 상식장선수지사

상식은 음식을 관장했다.

―『송사(宋史)』

고려와 조선 때의 여관직명(女官職名)이다.

주2 羞

맛이 있는 것[有滋味者]을 의미한다. 참고로 진수성찬(珍羞盛饌)이란 말이 있다.


주3 沁園

심수공주(沁水公主)의 원림(園林)을 뜻한다. 후한 명제(明帝, 재위 57~75) 때이다.


憲恃宮掖聲勢 遂以賤値請奪

헌시궁액성세 수이천치청탈

沁水公主園田 後詩人多以沁園 擬公主園林

심수공주원전 후시인다이심원 의공주원림

두헌이 가진 궁궐 옆 원림이 소문이 나서

헐값에 궁에 빼앗겼다.

그래서 심수공주의 원림이 되었는데

뒤에 문인들이 심원을 공주원림으로 전했다.

—『후한서(後漢書)』, 「두헌전(竇憲傳)」

沁園東郭外 鸞駕一遊盤 심원동곽외 난가일유반

심원의 동쪽 밖에 난가 타고 노네.

―최식(崔湜)


河南 沁陽縣 東北有沁園 하남 심양현 동북유심원

在沁水北岸 金代官僚宴會之所 재심수북안 금대관료연회지소

하남 심양현의 동북에 심원이 있으니, 심수의 북쪽 기슭이다.
금나라 때에 관료들의 연회 장소로 많이 쓰였다.

―『청일통지(淸一統志)』


주4 **唐德宗**

덕종(742~805)은 당(唐) 9대 왕으로 780년에 등극하여 25년 동안 나라를 다스렸으나 절도사들의 힘에 눌려 나라가 쇄약해지는 계기를 만들었다.

차 세금을 걷기 시작했다.

―『구당서(舊唐書)』

煎茶 加酥椒之類 전다 가소초지류

차를 끓일 때 소초를 넣었다.

―『업후가전(鄴侯家傳)』


주5 綠花紫英

차 이름이다.


綠花紫英 二者宮茶 녹화자영 이자궁다
明代 王象晉群芳譜 茶譜 명대 왕상진 군방보 다보
唐德宗 每賜同昌公主饌 당덕종 매사동창공주찬
其茶有綠花紫英之號 기다유록화자영지호

녹화와 자영은 모두 궁궐에서 쓰이는 차로

명대의 왕상진이 쓴 『군방보』에

"당 덕종이 매양 동창공주에게 음식을 내렸는데

거기에 녹화와 자영이라는 이름의 차가 있었다"고 한다.


그렇다면 동창공주(同昌公主)는 누구일까. 김명배는 『초의
다서출전고』에서 동창공주라는 인물이 검증되지 않았다고
말했다. 『광군방보(廣群芳譜)』 등서에도 동창공주라고 적혀

있으나, 『당서열전(唐書列傳)』에는 덕종의 공주 열한 명이 나오는데 동창공주는 없었다. 그러니 이는 원전들이 잘못 기록한 것이라고 했다. 혹 기록에는 남지 않았으나 그 열한 명의 공주 중 동창공주라는 다른 이름으로 불린 이가 있을 수도 있다. 그러나 이는 추측에 불과하니, 현재의 기록들로만 본다면 논리적으로는 오류라고 볼 수밖에 없다.

● 해설

조상들은 궁중에서도 좋은 차를 항상 애용했다. 그러니 궁의 음식을 관장하던 상식(尙食)도 언제나 차를 함께 올렸고, 황제가 음식을 내릴 때도 차를 함께 내렸다.

● 출전
- 『사고전서』
- 『광군방보』

## 15

法製頭綱從此盛
　　주1　　주2
법제두강종차성

清賢名士誇雋永
　　　　　　　주3
청현명사과준영

茶經 稱茶味雋永 다경 칭다미준영

● 국역

차는 법제된 두강으로부터 성해져서
맑고 어진 명사들이 준영이라 자랑했네.

『다경』에서는 차맛을 준영이라 칭했다네.

● 주

주1 法製

법도에 맞게 제대로 만든 것을 의미한다.

주2 **頭綱**

한 해의 맨 처음에 진상되는 차를 말한다.

每歲分十餘綱 惟白茶與勝雪 매세분십여강 유백차여승설

自驚蟄前興役 浹日乃成 자경칩전흥역 협일내성

飛騎疾走 不出仲春 비기질주 불출중춘

已至京師 號爲頭綱玉芽 이지경사 호위두강옥아

매년 십여 강으로 나누는데 오직 백차와 승설만은

경칩 전후에 일을 시작해서 열흘 안에 다 만들어서

말을 빨리 몰아 중춘 안에 서울로 보낸다.

이를 두강옥아라 부른다.

―『선화북원공다록(宣化北苑貢茶錄)』

北苑細色茶 五綱 凡四十三品

북원세색차 오강 범사십삼품

共七千餘餠 貢新爲最上

공칠천여병 공신위최상

粗色茶 七綱 凡五品 共四萬餘餠

조색차 칠강 범오품 공사만여병

**蘇軾之詩 上人問我遲留意 待賜頭綱**

소식지시 상인문아지유의 대사두강

**八餠茶 卽今粗色紅綾袋餠八者是也**

팔병차 즉금조색홍릉대병팔자시야

북원에서 나는 세색차 오강은 무릇 43품인데

모두 칠천여 병으로 햇차 공납에서 제일이다.

조색차는 7강으로 모두 5품인데 사만여 병이나 되었다.

그래서 소식은 시에서 '스님 나에게 더 머물기를 바라

두강의 조색차를 내려줌 기다리는 것일세'라 했다.

지금의 조색홍릉대병팔자가 그것이다.

— 『초계어은총화(苕溪漁隱叢話)』


**龍井新茶 向以穀雨前爲貴**

용정신다 향이곡우전위귀

**今則於淸明節前 采者入貢 爲頭綱**

금즉어청명절전 채자입공 위두강

용정 햇차는 곡우 전의 것이 귀한데

지금은 청명 전에 딴 것은 공납되어 두강이라 한다.

— 청(淸) 심초(沈初)

**茶有十綱 第一第二綱太嫩 第三綱最妙**

다유십강 제일제이강태눈 제삼강최묘

차에는 십 강이 있는데

제일, 제이는 너무 어리고 제삼강이 가장 묘하다.

―송(宋) 요관(姚寬), 『서계총화(西溪叢話)』

참고로 강(綱)은 차의 품등(品等)과 채다(採茶) 시기(時期) 등을 나타내는 말이다.

**歡醉後 呼兒烹試 頭綱小鳳團茶**

환취후 호아팽시 두강소봉단차

술을 마시고 즐겁게 취했을 때 아이를 불러 차를 달이게 하니 두강소봉단차더라.

―송(宋) 한궁춘(漢宮春)

주3 **雋永**

㉠ 음식의 맛이 좋은 것을 뜻한다.

㉡ 글이 깊고 좋은 맛을 가진 것을 의미한다.

雋 味也 永 長也 味長曰雋永 준미야 영 장야 미장왈준영

漢書 蒯通著 雋永 二十篇也 한서 괴통저 준영 이십편야

준은 맛이고 영은 좋다는 뜻이다. 맛이 좋은 것을 준영이라 한다.

『한서』에 괴통[9]이 지은 준영 이십 편이라 했다.

— 『다경』

植物甘美味 식물감미미

橄欖閩蜀俱有之 閩中丁香一品 감람민촉구유지 민중정향일품

極小雋永 其味勝於蜀産 극소준영 기미승어촉산

식물의 맛이 달고 좋은 것을 말한다.

감람은 민과 촉에 다 있으나

민중에서 나오는 정향이 일품이고 일부는 준영이니

그 맛이 촉에서 나는 것보다 좋다.

— 송(宋) 장세남(張世南), 『유환기문(游宦紀聞)』

喝一盞蓋碗的中國茶 特別感覺着雋永

갈일잔개완적중국차 특별감각착준영

---

9) 전한(前漢)시대 책사(策士)인데 한신이 그의 계책으로 제를 평정했다[韓信用其計平齊].

한 개완의 중국차는 특별히 맛이 좋은 느낌이었다.

―곽말약(郭沫若), 『소련기행(蘇聯紀行)』

書名 서명

漢書 蒯通傳 通論戰國時 한서 괴통전 통론전국시

說士權變 亦自序其說 세사권변 역자서기설

凡八十一首 號曰 雋永 범팔십일수 호왈 준영

한서 괴통전은 전국시의 세객들의 권변에 관해 논한 것으로
스스로 서를 붙여 81수를 써서 '준영'이라 불렀다.

顔師古註曰 雋肥肉也 永長也 言其所論甘美而義深長
안사고주왈 준비육야 영장야 언기소론감미이의심장

살진 고기는 맛이 좋고 깊다.

말도 좋고 아름답게 표현하여 의미가 깊은 것을 이른다.

後謂 詩文意味深長之語 후위 시문의미심장지어

훗날 시문의 의미가 심장한 것을 이르는 말이 되었다.

書中至味人不知 雋永無窮勝梁肉

서중지미인불지 준영무궁승양육

글 속의 지극한 맛, 사람들은 알지 못하니

준영의 맛 좋기가 양육보다 낫다네.

―육유(陸游), 「오침(午枕)」


作詩 體貴正大 志貴高遠 작시 체귀정대 지귀고원

氣貴雄渾 韻貴雋永 기귀웅혼 운귀준영

시를 지을 때 형식은 정대한 것이 귀하고

뜻은 높고 먼 것이 귀하고

기는 웅혼한 것이 귀하고

운치는 깊고 긴 것이 귀하다.

―사진(謝榛), 『사명시화(四溟詩話)』


短詩以雋永勝 長詩以宛曲盡致勝

단시이준영승 장시이완곡진치승

짧은 시는 깊고 먼 의미가 좋고

긴 시는 완곡하게 자세한 것이 좋다.

―주자청(朱自淸), 『단시여장시(短詩與長詩)』

**香積飽醍醐 法喜得雋永** 향적향제호 법희득준영

절에서의 음식은 제호와 같고

도를 깨달은 기쁨은 준영을 얻음과 같다.

—「유호구산차동파구제(游虎口山次東坡舊題)」

● 해설

좋은 연고차는 두강(頭綱)으로부터 시작되어 성(盛)해졌고, 깨끗한 생활을 하는 현사(賢士)들은 그 맛을 준영(雋永)이라 일컬으며 자랑하고 시문의 깊은 뜻에 비유했다.

● 출전

- 『선화북원공다록』
- 『다경』

## 16

綵莊龍鳳轉巧麗 채장용봉전교려
費盡萬金成百餠 비진만금성백병

大小龍鳳團
　　주2
대소용봉단

始於丁謂 成於蔡君謨
　　주3　　　　주4
시어정위 성어채군모

以香藥合而成餠 餠上飾以龍鳳紋

이향약합이성병 병상식이용봉문

供御者 以金莊成

공어자 이금장성

東坡詩 紫金百餠費萬錢(盡万金)
　주5
동파시 자금백병비만전(진만금)

● 국역

　비단장식 용단봉병 아름답기 그지없으나
　만금 들여 겨우 떡차 백 개 만들었다네.

제2장 동다송 주해　181

크고 작은 용봉단은

정위에서 시작되어 채양에게서 완성되었다.

향약을 합해서 떡차를 만들고 그 위에 용봉의 무늬를 넣었다.

임금께 바칠 것은 금으로 장식했다.

소동파는 시에서

"금인 찍힌 백 개 차떡 많은 비용 들였다네"라 했다.

## 🟢 교주

- 만(萬)과 만(万)은 같은 글자로 본다.

## 🟢 주

주1 綵

오색강(五色綱)을 채(綵)라 한다.

주2 龍鳳團

가) 용봉단병(龍鳳團餠) 또는 용단봉병(龍團鳳餠)을 말한다.

웅번(熊蕃)의 『선화북원공다록』(1182), 조여려(趙汝礪)의 『북원별록(北苑別錄)』(1186) 등에 그 기록이 나온다.

어원옥아(御苑玉芽) : 은권(銀圈) : 은모(銀模) : 경일촌오분(徑一寸五分)

當貢品極盛之時 凡有四十餘色

당공품극성지시 범유사십여색

공납품이 성했을 때는 무릇 사십여 색이나 되었다.

―웅번(熊蕃), 『선화북원공다록』

태평흥국(太平興國, 976~983) : 50편

인종(仁宗, 1045) : 28편

철종(哲宗, 1100) : 18,000편

휘종(徽宗, 1101~25) : 47,100편

나) 『선화북원공다록』에 기록된 연고차(研膏茶)의 연대(年代)는 다음과 같다.

㉠ 唐 貞元 中(德宗) 당 정원 중(덕종)

常袞赴建州刺使 始蒸焙而研之 謂研膏茶

상곤부건주자사 시증배이연지 위연고차

鳳凰山麓名北苑 廣二十里

봉황산록명북원 광이십리

**沈括 夢溪筆談 建溪勝處曰壑源**

심괄 몽계필담 건계승처왈학원

당 정원 연간(786~804)에 상곤이 건주자사로 부임해서

연고차를 만들기 시작했으니,

봉황산록의 북원은 넓이가 이십 리나 된다.

심괄의 『몽계필담』에는 건계에서도 좋은 곳은 학원이라 했다.

ⓛ **唐末 毛文錫 茶譜 北苑出爲之最**

당말 모문석 다보 북원출위지최

…

**建溪有紫笋 而蠟面乃産于福** 건계유자순 이납면내산우복

당 말년(850~900)에 모문석이 『다보』에서 이르기를

북원에서 나는 것 중 제일은

…

건계에는 자순이 있고 납면은 복주에서 난다.

ⓒ 五代初 保大 三年 오대초 보대 삼년

而得其地 采茶北苑 初造研膏 繼造蠟面

이득기지 채다북원 초조연고 계조납면

丁謂 茶錄 蠟面起于南唐 乃建茶也

정위 다록 납면기우남당 내건차야

旣又制佳者 號曰京挺 기우제가자 호왈경정

오대 초 보대 3년(945 : 남당)에 그 땅을 얻어

북원에서 채취한 것으로 처음 연고차를 만들고 납면을 만들었다.

정위의 『다록』에 '납면은 남당 때 만들었으니 바로 건차다.

그리고 또 더 좋게 만든 것이 경정이다.'


ⓔ 特置龍鳳模 遣使卽北苑造團茶

특치용봉모 견사즉북원조단차

以別庶飮 龍鳳茶蓋始于此

이별서음 용봉차개시우차

남당 말에서 송의 태평흥국 때에 특별히 용봉모를 두고

사신을 보내 북원에서 단차를 만들어 특별히 마시니

용봉차가 아마 이로부터 시작되었다.

㉤ 至到初 又一種茶 衆生石崖 지도초 우일종차 중생석애
　枝葉尤茂 有詔造之別號石乳 지엽우무 유조조지별호석유
　又一種號的乳 又一種號白乳 우일종호적유 우일종호백유
　蓋自龍鳳與 京 石 的 白 四種繼出

개자용봉여 경 석 적 백 사종계출

　而蠟面降爲下矣 이납면강위하의

지도 초(995 : 송 태종)에 한 종류의 차가 돌벼랑에 나서

잎과 가지가 무성하니 임금이 명하여

특별히 만들어 석유라 부르고

또 한 종을 적유라 하고, 또 한 종을 백유라 하니

대개 용봉차와 더불어 경정, 석유, 적유, 백유의 네 가지가

계속해서 나오니, 납면은 아래로 처졌다.

집정(執政), 친왕(親王) 및 황족(皇族)에겐 용단(龍團)을

사인(舍人), 근신(近臣)들에겐 경(京)과 석(石), 적(的), 백(白)을

내리고 납면(蠟面)은 없어졌다.

㉥ 咸平年間 丁謂赴閩錄茶錄 함평연간 정위부민록다록
　畵漫錄(藝叟 張舜民) 화만록(예수 장순민)
　丁晉公赴閩 始制龍鳳團 非爲其實矣

정진공부민 시제용봉단 비위기실의

함평 연간(995 : 진종)에 정위가

민 지역에 부임하여 『다록』을 썼다.

장순민의 『화만록』에 정진공이 민 지역에 부임하여

용봉단을 처음 만들었다는 것은 사실과 다르다.

㊇ 慶歷間 蔡君謨 創造小龍團以進

경력간 채군모 창조소용단이진

龍茶28片 才一斤 尤極精妙 北苑造茶詩 蔡襄

용다28편 재일근 우극정묘 북원조다시 채양

自小團出 而龍鳳團遂爲次矣

자소단출 이용봉단수위차의

경력 간(1040~1048 : 인종)에

채군모가 소용단을 처음 만들어 진상했다.

용차 28편이 한 근으로 더욱 정묘하기 이를 데 없었다.

소용단이 나오니 용봉단은 다음으로 밀렸다.


茶之品莫貴于龍鳳 謂之小團 다지품막귀우용봉 위지소단

凡28片 重一斤 其値直金二兩 범28편 중일근 기치직금이량

然金可有 而茶不可得 연금가유 이다불가득

차의 품수가 용봉차보다 귀한 것이 없으니

이를 일러 소단이라 한다.

28편의 무게가 한 근이고 그 값은 근 두 냥이지만

금은 얻을 수 있으나 차는 얻을 수 없다.

— 구양수(歐陽修), 『귀전록(歸田錄)』

ⓞ 元豊間 造密雲龍 其品于加于小團之上

원풍간 조밀운용 기품우가우소단지상

원풍 연간(1078 : 신종)에 밀운용을 만드니

그 품수는 소단을 앞서더라.

ⓩ 紹聖間 改爲瑞雲翔龍 소성간 개위서운상용

소성 연간(1095 : 철종)에 다시 서운상용을 만들었다.

ⓩ 大觀 初大觀茶論 대관 초대관다론

于是白茶遂爲第一 又制三色細芽

우시백차수위제일 우제삼색세아

대관 초(1107 : 휘종)의 『대관다론(大觀茶論)』을 보면 백차가 제일이었고 또 삼색세아도 만들었다.

1108 : 어원옥아(御苑玉芽), 만수용아(萬壽龍芽)

1110 : 무비수아(無比壽芽)

ㄱ) 宣和 庚子 只取其心一縷 선화 경자 지취기심일루
用珍器貯淸泉漬之 制新銙 龍園勝雪
용진기저청천지지 제신과 용원승설

선화 경자년(1120 : 휘종)에

다만 그 잎의 심 한 가닥만 취하여

진기한 그릇에 맑은 샘물로 적셔서

새로운 차 덩이를 만드니 용원승설이다.

茶葉最上小芽 雀舌 鷹爪(茶芽) 다엽최상소아 작설 응조(다아)
次曰揀芽(一槍一旗) 차왈간아(일창일기)
次曰紫芽(一槍兩旗) 차왈자아(일창양기)

다) 조여려가 쓴 『북원별록』(1186)에 세색오강(細色五綱)이 나온다.

貢新爲最上 後開焙十日入貢

공신위최상 후개배십일입공

龍園勝雪爲最精 而建人有値四萬錢之語

용원승설위최정 이건인유치사만전지어

夫茶之入貢 圈以箬葉 內以黃斗

부다지입공 권이약엽 내이황두

盛以花箱 攄以重筐 扃以銀鑰

성이화상 노이중비 경이은약

花箱內外 又有黃羅幕之 可謂什襲之珍矣

화상내외 우유황라막지 가위십습지진의

나라에 바치는 햇차가 제일 좋은 것이니

만들기 시작하여 열흘이면 공물로 바친다.

용단승설이 가장 정교하여

건주 사람들이 사만 전의 값어치가 있다고 했다.

무릇 입공하는 차는 댓잎으로 받치고

안은 누른 천으로 싸고, 꽃 상자에 가득 담고

겹 광주리에 넣어 은 자물쇠로 잠그고

꽃 상자 안팎에 황색 비단으로 싸니

이른바 열 번 싼다는 진귀함이 있다.

주3 丁謂

정위(丁謂, 966~1037)는 송(宋)대 사람으로 복건전운사(福建轉運使)로 있을 때 『건안다록(建安茶錄)』을 쓰고, 용봉단차를 만들었다. 박학하고 북원차(北苑茶)를 칭송했으며, 후에 진국공(晉國公)에 봉해져서 '정진공(丁晉公)'으로 불린다.

주4 蔡君謨

채양(蔡襄, 1012~1067)은 송대에 지방 행정 책임자로 여러 곳을 다니며 역량을 발휘했다. 특히 중국의 교량건축사(橋梁建築史)에 큰 이름을 남겼다. 시문과 서화에 능했고, 다학(茶學)을 연구하여 『다록』을 남기고 대소용단차(大小龍團茶)를 만들었다. 자(字)를 군모(君謨)라 했다.

주5 東坡詩

「화장기기다(和蔣夔寄茶)」라는 소식의 시를 말한다.

淸詩兩幅寄千里 청시양폭기천리
紫金百餠費萬錢 자금백병비만전
吟哦烹噍兩奇絶 음아팽초양기절

**只恐偸乞煩封纏** 지공투걸번봉전

맑은 시 두 폭 천리에 보냈으니

금인 찍힌 백 개의 차떡 많은 비용 들였고

시 읊고 차 마시니 더없이 좋으나

달라는 이 많아서 다시 묶기 번잡타네.

## ● 해설

궁중의 공납되는 좋은 차들은 가치에 걸맞게 아름답게 포장되고, 그 값어치도 대단했다. 만드는 과정도 복잡하고 정교하지만 새겨진 용봉문양에 금니를 입혔고 열 겹이나 되도록 싸고 묶는 등 찬란하게 포장되어 귀하게 대접받았다.

## ● 출전

- 『선화북원공다록』「화장기기다」

## 17

誰知自饒眞色香 수지자요진색향
一經點染失眞性 일경점염실진성


萬寶全書 만보전서
<sub>주1</sub>
茶自有眞香眞味眞色
<sub>주2</sub>
다자유진향진미진색

一經他物點染 便失其眞
<sub>주3</sub>
일경타물점염 편실기진


● 국역

원래 넉넉히 갖춘 참다운 색과 향을 뉘 알까.
한 번만 점염되면 그 참됨 잃고 만다네.


『만보전서』에
"차는 진향과 진미와 진색을 스스로 가지고 있으나
한 번이라도 다른 것에 물들면
그 참다움을 잃어버린다"고 했다.

## ● 주

**주1 萬寶全書**

청(淸) 모환문(毛煥文)이 찬술(撰述)한 백과사전식 책으로, 초의가 칠불암에 있을 때 여기서 『채다론(採茶論)』을 베낀 것이 바로 『다신전』이다. 『채다론』은 명(明)의 장원(張源)이 쓴 『다록』(1595)을 말한다.

**주2 眞香眞味眞色**

차가 본래 가지고 있는 색·향·미를 의미한다.

茶有眞香 有蘭香 有淸香 有純香

다유진향 유난향 유청향 유순향

表裏如一曰純香 不生不熟(熱)曰淸香

표리여일왈순향 불생불수(열)왈청향

火候均停曰蘭香 雨前神俱曰眞香

화후균정왈난향 우전신구왈진향

更有含香 漏香 浮香 問(間)香 此皆不正之氣

갱유함향 누향 부향 문(간)향 차개부정지기

茶以靑翠爲勝 濤以藍白爲佳

다이청취위승 도이람백위가

黃黑紅昏俱不入品

황흑홍혼구불입품

雪(雲)濤爲上 翠濤爲中 黃濤爲下

설(운)도위상 취도위중 황도위하

新泉活火 煮茗玄工 玉茗氷(水)濤 當杯絶技

신천활화 자명현공 옥명빙(수)도 당배절기

味以甘潤爲上苦澁(滯)爲下

미이감윤위상고삽(체)위하

차에는 진향, 난향, 청향, 순향이 있다.

겉과 속이 한결같은 것이 순향이고

적당히 익은 것이 청향이며

불 살핌이 알맞은 것이 난향이고

곡우 전에 따서 제대로 된 것을 진향이라 한다.

또 함향, 누향, 부향, 문향이 있으나

이것은 모두 좋지 못한 향기다.

차는 청취한 것이 좋고, 남백색의 결이 좋으며

황, 흑, 홍의 색이 섞인 것은 모두 품수에 들지 못한다.

흰 거품이 좋고, 푸른 것은 다음이며, 누런 것은 좋지 않다.

새 샘물에 활화로 솜씨 좋은 이가 끓이면

맑은 차에 흰 유화 떠서 잔에 담으면 절묘하기 이를 데 없다.

차의 맛은 달고 매끄러운 것이 좋고,

쓰고 떫은 것은 아래 품수다.

—『다록』

### 주3 一經他物點染

'조금이라도 다른 것에 물들면'이라는 뜻이다.

### 如水中着鹹 茶中着料 碗中着果 皆失眞也
여수중착함 다중착료 완중착과 개실진야

물에 소금기가 있거나 차에 음식 냄새가 남거나

찻그릇에 과일을 담았다면 모두 차의 참됨을 잃게 한다.

—『만보전서』

### 茶有眞香 非龍麝可擬 다유진향 비용사가의

차에는 진향이 있으니 용뇌나 사향에 비길 바가 아니다.

—『대관다론』

## 해설

모든 진귀한 것이 다 그렇듯이 차가 워낙 순수하고 결백하기 때문에 그 과정 중에 한 곳만 잘못되어도 전체를 버리게 된다. 곧 차의 진향과 진색, 진미를 잃게 된다.

## 출전

- 『만보전서』

**18**

道人雅欲全其嘉 도인아욕전기가
曾向蒙頂手栽那 증향몽정수재나
養得五斤獻君王 양득오근헌군왕
吉祥蕊與聖楊花 길상예여성양화

傳大士自住蒙頂結庵 부대사자주몽정결암
種茶凡三年 得絶嘉(佳)者 종다범삼년 득절가(가)자
號聖楊花吉祥蕊 호성양화길상예
共五斤持歸供獻 공오근지귀공헌

● 국역

도인은 오로지 좋은 차 얻고 싶어서
일찍이 몽정산에서 손수 차를 키웠다네.
잘 길러 얻은 다섯 근을 임금께 바치니
그 이름 길상예와 성양화라네.

부대사가 몽정산에서 암자를 짓고 살면서

차씨를 심고 삼 년이 지나서 아주 좋은 차를 만들었다.

이름 붙여 성양화와 길상예라 하고

모두 다섯 근을 가지고 돌아와 바쳤다.

## 주

**주1** 道人

부대사(傅大士), 도인(道人). 혹은 도곡(陶穀)의 『천명록(荈茗錄)』과 『청이록(淸異錄)』에 나오는 스님을 말한다. 『사고전서』에 나오는 쌍림대사(雙林大師)로 이름은 흡(翕), 자(字)는 현풍(玄風)이다. 결혼하고 살다가 스무네 살 때 인도승(印度僧) 숭두타(崇頭陀)를 만나 출가해서, 칠 년 동안 고행한 후 도를 이루어 양(梁)의 무제가 존경했다. 금강경에 특히 밝아 선혜(善慧), 동양대사(東陽大師)로 불렸다.

**주2** 蒙頂

가) 몽정결암(蒙頂結庵)에 대한 설명이 『촉전(蜀典)』에 나온다.

昔有僧病冷且久 嘗遇一父老 謂曰

석유승병냉차구 상우일부로 위왈

蒙之中頂茶 嘗以春分之先後 多構人力

몽지중정다 상이춘분지선후 다구인력

俟雷之發聲 幷手採擇 三日而止

사뢰지발성 병수채택 삼일이지

若獲一兩 以本處水煎服 卽能 祛宿疾

약획일량 이본처수전복 즉능 거숙질

二兩當眼前無病 三兩固以換骨 四兩卽爲地仙矣

이량당안전무병 삼량고이환골 사량즉위지선의

是僧因之中頂 築室以俟

시승인지중정 축실이후

及期獲一兩餘 服未竟而病瘥

급기획일량여 복미경이병채

時到城市 人見容貌常年三十餘眉發綠色

시도성시 인견용모상년삼십여미발녹색

其後入靑城訪道 不知所終

기후입청성방도 불지소종

옛날에 어떤 스님이 냉병을 오래 앓았는데

한 번은 한 늙은이를 만나 이르기를

몽정산 꼭대기에 차가 있는데 춘분 전후해서 많은 인력을 모았다가

우레 소리가 나기를 기다려 함께 찻잎을 따는데 사흘이면 그친다.

만약 한 양(兩)을 따서 그곳의 물로 달여 먹으면

곧 오래된 병이 없어지고

두 양이면 당장 병이 없어지고

세 양이면 정말로 환골탈태할 수 있고

네 양이면 바로 땅 위의 신선이 된다.

이로 인해 스님이 몽산 제일 가운데 봉우리에 집을 짓고 지나다가

수확기에 한 양 가량을 따서 다 마시기도 전에 병이 나았다.

그리고 마을로 돌아오니

사람들이 보기에 서른 살 정도로 보이고 검은 눈썹이 났더라.

그 후에 청성산의 도인을 방문한 후 그 종적을 알 수 없었다.

―청(淸) 장주(張澍), 『촉전(蜀典)』


나) 몽정차(蒙頂茶)에 관한 자료도 살펴보겠다.

風俗貴茶 茶之名品益衆 劍南有蒙頂石花 號爲第一

풍속귀다 다지명품익중 검남유몽정석화 호위제일

풍속에 차를 귀하게 여겨 명품차가 많았다.

검남에 몽정석화가 있으니 첫째로 쳤다.

— 『당국사보(唐國史補)』


蒙山之茶又美之 上淸峰茶園七株又美之

몽산지다우미지 상청봉다원칠주우미지

世傳甘露慧禪師手所植也 세전감로혜선사수소식야

二千年不枯不長 其茶葉細而長 이천년불고부장 기다엽세이장

味甘而淸 色黃而碧 미감이청 색황이벽

酌杯中香雲蒙覆其上 凝結不散 작배중향운몽복기상 응결불산

以其異 謂之仙茶 이기이 위지선다

몽산의 차가 더욱 좋고

상청봉 다원의 일곱 그루에서 딴 것이 더욱 좋다.

세상에 전하기를 감로혜선사가 손수 심은 것이라 한다.

이천 년 동안 더 자라지도 마르지도 아니하고

찻잎이 가늘고 길며, 맛이 달고 맑으며, 색은 누르며 푸르다.

잔의 향기가 봉우리 위로 퍼져 흩어지지 않아

그 기이함 때문에 선차라 이른다.

―청(淸) 조의(趙懿), 『몽정다설(蒙頂茶說)』

몽정차 중에 제일 좋은 것이 상청봉차인데

상청봉에는 일곱 그루의 고차수(古茶樹)가 있어

거기서 생산되는 차를 '선차(仙茶)'라 부르고

그 주변의 다른 차나무는 '배차(陪茶)'라 한다.

선차는 매년 수백 잎에 불과하여 모두 황실에 공납하고

그곳의 관리들도 배차를 얻을 수밖에 없었다.

―「사해(辭海)」

昔有一僧人久病不愈 後遇一老者

석유일승인구병불유 후우일노자

告他春分時間春雷初動

고타춘분시간춘뢰초동

采蒙山中頂茶 服之可以祛病健身

채몽산중정다 복지가이거병건신

後僧人依言而行 採得一兩餘茶葉 服後病愈

후승인의언이행 채득일양여다엽 복후병유

而且駐顔不老最後成仙

이차주안불노최후성선

…

山有五峰環列狀如指掌

산유오봉환열상여지장

曰上淸 曰甘露 曰玉女 曰井泉 曰菱角

왈상청 왈감로 왈옥여 왈정천 왈능각

仙茶植于中心蟠根石上

선다식우중심반근석상

每歲採仙茶七株爲正貢 分貯銀甁

매세채선다칠주위정공 분저은병

옛날 한 승이 오랜 병을 앓고 있었는데 어떤 늙은이를 만나니

'다음 춘분 때에 봄 우레가 처음 칠 때

몽산 꼭대기에 있는 찻잎을 따서 복용하면

병이 낫고 몸이 건강해진다'고 했다.

후에 승이 그의 말대로 찻잎 한 양을 따서 먹으니 병이 낫고

뒤에 얼굴이 늙지 않고 신선이 되었다.

…

산에 다섯 봉우리가 손가락 모양으로 둘러 있으니

상청, 감로, 옥녀, 정천, 능각이다.

큰 돌의 중심에 선차가 심어져서

매년 선차를 일곱 그루에서 따서 은병에 나눠 저장해 공차로 바쳤다.

―오대(五代) 모문석,『다보』


俗諺 揚子江中水 蒙山頂上茶 謂天下雙絶

속언 양자강중수 몽산정상다 위천하쌍절

속담에 양자강심의 물과 몽정산 위의 차라고 했다.


蒙山茶之名品 雀舌 蒙鈔芽 雷鳴茶

몽산다지명품 작설 몽치아 뇌명차

蒙頂露芽 萬春銀葉 玉葉長春 谷芽

몽정로아 만춘은엽 옥엽장춘 곡아

蒙頂石花 蒙頂黃芽 白芽 蒙頂甘露 等

몽정석화 몽정황아 백아 몽정감로 등

今 蒙頂甘露 蒙頂黃芽 蒙頂石花 等

금 몽정감로 몽정황아 몽정석화 등

몽산차의 명품은 작설, 몽치아, 뇌명차, 몽정로아,

만춘은엽, 옥엽장춘, 곡아, 몽정석화, 몽정황아,

백아, 몽정감로 등인데

지금은 몽정감로, 몽정황아, 몽정석화 등이 전한다.

—『중국차문화대사전』

몽정석화(蒙頂石花)는 납작하고 곧은 녹차로
홍배(烘焙)와 초청(炒靑)을 거친 것이니,
청명(淸明) 전에 창(槍)만을 따서 만들어서
흰 털이 흡사 석화와 같다고 붙인 이름이다.

몽정감로(蒙頂甘露)는 구불구불하게 말린 초청녹차로
감로(甘露) 연간에 몽산 감로사(甘露寺)의 보혜(普慧) 선사
오리진(吳理眞)이 시작했다고 붙인 이름이다.
혹은 차맛이 신선하고 부드러워 깔끔하여 감로와 같아서
'감로'라 했다고도 하며 잎이 꽃봉오리 같다.

몽산황아(蒙山黃芽)는 황차로 미묘한 부드러움이 있다.

蜀之雅州 有蒙山 山有五頂 촉지아주 유몽산 산유오정
頂有茶園 其中頂曰上淸峰 정유다원 기중정왈상청봉

昔有僧病 석유승병

…

云云 是雷鳴茶也 운운 시뢰명차야

촉의 아주에 몽산이 있는데 산 위에 다섯 봉우리가 있고,

봉우리 위에 다원이 있으니 그것은 가운데 봉우리 상청봉이다.

옛날 아픈 승이 있어

…

이것이 뇌명차다.

―청(淸) 장주, 『촉전』

주3 吉祥蕊聖楊花

사천(四川) 몽산(蒙山)에서 생산되는 단차(團茶) 이름이다.

吳僧梵川 誓願燃頂供養雙林傅大士

오승범천 서원연정공양쌍림부대사

自往蒙頂採茶 凡三年 味方全美

자왕몽정채다 범삼년 미방전미

得絶佳者聖楊花 吉祥蕊 共不逾五斤 持歸供獻

득절가자성양화 길상예 공불유오근 지귀공헌

不復再摘 此蒙頂仙茶之始也

불부재적 차몽정선다지시야

오승 범천이 부대사를 공양하려고 이마에 연비를 하여 맹서하고
몽정산에 가서 차를 길러 삼 년이 지나니 제 맛이 났다.
그 제일 좋은 것을 골라 성양화와 길상예를 만들었다.
모두 5근 못되는 것을 가지고 와서 바쳤다.
그리고 다시 더는 채취하지 않았으니 이것이 몽정차의 시작이다.

― 도곡(陶穀), 『천명록(荈茗錄)』

그런데 후에 유원장이 『개옹다사』에서 범천이 아닌 부대사가 직접 몽정산에 간 것으로 적었기 때문에 여기서 초의도 부대사가 몽정산에서 차를 만들었다고 했다. 몽정(蒙頂)은 현재 사천성(四川省) 성도평원(成都平原)의 서쪽으로 명산현(名山縣)과 아안현(雅安縣)에 걸쳐 있다.

서한(西漢) 선제(宣帝) 유순(劉詢)의
감로(甘露, 기원전53~50) 연간에
몽산 감로사의 보혜(普慧) 선사
오리진(吳理眞)이 최초로

몽산에 일곱 그루의 차나무를 심었다.

—『사천통지(四川通志)』

● 해설

쌍림대사(雙林大師) 부흡(傅翕) 같은 이도 깊은 산에 들어가서 정성을 다한 다음에야 성양화(聖楊花)나 길상예(吉祥蘂) 같은 명차(名茶)를 얻을 수 있었다. 그런 차들은 사람의 정성이 함께하여 신비로운 명차가 된 것이다.

● 출전

- 『개옹다사』
- 『광군방보』
- 『청이록』
- 『사고전서』

### 19

雪花雲腴爭芳烈
  주1  주2
설화운유쟁방렬

雙井日注喧江浙
  주3   주4
쌍정일주훤강절


東坡詩 雪花雨(兩)脚何足道

동파시 설화우(양)각하족도

山谷詩 我家江南採雲腴

산곡시 아가강남채운유

東坡至僧院 (院)僧梵英 葺治堂宇嚴潔

동파지승원 (원)승범영 즙치당우엄결

茗飮芳烈 問此新茶耶

명음방렬 문차신다야

英曰 茶性新舊交則香味復

영왈 다성신구교즉향미복

草茶成兩浙 而兩浙之茶品
  주5
초다성양절 이양절지다품

日注爲第一 自景祐以來
            주6
일주위제일 자경우이래

洪州雙井白芽漸盛 近歲製作尤精
홍주쌍정백아점성 근세제작우정

其品遠出日注之上 遂爲草茶第一
기품원출일주지상 수위초다제일

● 국역

설화와 운유는 향기로움으로 서로 경쟁하고
쌍정과 일주는 강소와 절강에서 명성을 떨치네.


소동파는 시에서 "설화와 우각만으로 어찌 만족하리"라 했고
황산곡은 시에서 "강남의 내 집에서 운유차를 딴다네"라 했다.
동파가 절에 이르니 범영 스님이 당우의 지붕을 (새로) 잇고
아주 깨끗이 해놓았다.
차를 마시는데 향기가 대단해 무슨 차냐고 물으니
영이 대답하기를 차는 새것과 묵은 것을 섞으면
향기가 다시 돌아온다고 했다.
초차는 양절 지방에서 생산되는데
양절의 다품 중에 일주차가 제일이니

경우(1034~1038 : 송 인종) 이래로

홍주의 쌍정백아차가 점점 성해져서

근년에는 더욱 정치한 작품이 나와

그 다품이 일주보다는 월등히 좋아서 초차의 제일이라 한다.

## ● 교주

- 우각(雨脚)은 여러 판본에 양각(兩脚)으로 되었으나 소식의 시에는 우각(雨脚)으로 되어 있다.

## ● 주

주1 雪花

명차(名茶)의 이름으로 다탕(茶湯)의 표면에 한 층의 흰색 포말(泡沫)이 떠서 붙은 이름이다.

才敎鷹嘴折 未放雪花姸 재교응취절 미방설화연

차의 새싹 따는 것 가르쳤으나 아직 설화의 아름다움 이루지 못했네.

—서현(徐鉉)

雪花雨脚何足道 啜過始知眞味永

설화우각하족도 철과시지진미영

설화와 우각만으로 어찌 만족하리

한 모금 마신 다음에야 참맛을 알지.

— 송(宋) 소식


雪花雨脚謂茶也 설화우각위다야

설화와 우각은 차를 말한다.

— 왕십붕(王十朋), 주(註)


俾泛雪華於兎毫 亦媵西施以嫫母

비범설화어토호 역잉서시이모모

토호잔에 설화 떠오르니

어질고 아름다운 여인을 첩으로 데려온 것이라네.

— 송(宋) 유덕린(兪德鄰)


주2 雲腴

차의 별칭. 혹은 전설적인 선약을 뜻한다.

**味似雲腴美 形如玉腦圓** 미사운유미 형여옥뇌원

맛은 운유의 아름다움이고, 모양은 둥근 옥과 같다네.

― 당(唐) 피일휴(皮日休)

**借使陸羽復起 閱其金餠 味其雲腴** 차사육우복기 열기금병 미기운유

육우가 다시 일어나 그 금병(차)들을 보고

운유의 맛을 보게 한다네.

― 송(宋) 황유(黃儒), 『품다요록(品茶要錄)』

**煮茶雲腴** 자다운유

운유차를 달인다네.

― 명(明) 가중명(賈仲名)

주3 **雙井**

차 이름으로 황정견(黃庭堅)의 고향이기도 하다.

**宋代洪州雙井鄕所産 歐陽修 歸田錄**

송대 홍주쌍정향소산 구양수 귀전록

臘茶出於劍建 草茶盛於兩浙

납차출어검건 초다성어양절

兩浙之品 日注爲第一 양절지품 일주위제일

自景祐已後 洪州雙井白芽漸盛 近歲制作尤精

자경우이후 홍주쌍정백아점성 근세제작우정

蘇軾 寄周安孺茶 未數日注卑 定如雙井辱

소식 기주안유차 미수일주비 정여쌍정욕

又 西江月 龍焙今年絶品 谷簾自古珍泉

우 서강월 용배금년절품 곡렴자고진천

雪芽雙井散神仙 苗裔來從北苑

설아쌍정산신선 묘예래종북원

쌍정차는 송대 홍주의 쌍정에서 생산된 것이다.

구양수의 『귀전록』에 이르기를

"납차는 검남과 건주에서 생산되고 초차는 양절에서 많이 생산되니

양절에서 나오는 것 중 일주차가 제일이다.

경우 이후로부터 홍주의 쌍정백아가 점점 성해서

근세에는 더욱 정교하다"고 했다.

소식의 『기주안유차』에서

"일주의 낮음은 알 수 없으나 쌍정에 비하면 욕된다네"라 했고

『서강월』에서는 "용배는 금년에 끊어지고

곡염은 예로부터 진귀한 샘이 있어 설아쌍정이 선계에 흩어지고

묘족의 후예들이 북원에서 왔다네"라 했다.

### 주4 日注(日鑄)

절강성 소흥의 일주산(日鑄山)에서 나는 차로 송대에 그 명성을 떨쳤다.

會稽日鑄山 茶品冠江浙 회계일주산 다품관강절

山有寺 其泉甘美 尤宜茶 산유사 기천감미 우의다

山頂謂之油車嶺 茶尤奇 所收絶少

산정위지유거령 차우기 소수절소

其眞者 芽長寸餘 自有麝氣 기진자 아장촌여 자유사기

회계의 일주산은 다품이 강절에서 제일이다.

산에 절이 있고 그 샘이 달아 차에 아주 좋다.

산꼭대기를 유거령이라고 하는데

차가 더욱 진귀하나 거두는 바가 아주 적다.

그 진품은 잎의 길이가 한 치가량이고 사향의 기운을 가졌다.

―송(宋) 양연령(楊延齡), 『양공필담(楊公筆談)』

주5 草茶

가) 초차에 대한 여러 학자들의 해석이 분분해 정리해 보았다.

㉠ 김명배는 '송(宋) 섭몽득(葉夢得)의 『피서록화(避暑錄話)』에 의하면 작설차의 별칭이었고, 『품다요록』을 보면 차순(茶筍)은 초차이고 차싹(茶芽)은 목차(木茶)이다'라고 보았다.

㉡ 윤경혁은 '초창기(草創期)의 차'로 보았다.

㉢ 왕건훈(王建勛)은 『다경』에서 그냥 '초차'로 해석했다.

㉣ 정영선은 '마른 차의 모양이 잎으로 흩어진 것이 산차(散茶)이다. 대조되는 말은 단차(團茶)인 건차(建茶)나 납차(臘茶)가 있다. 송·원대에 초차는 말차를 만들기 위해 제조한 것이고, 명대에 오면 맑은 탕으로 마시는 아차(芽茶)와 엽차(葉茶)를 뜻했다. 고대에는 관목형의 차나무를 초차라고도 했다. 대조되는 말은 목차(木茶)이다'라고 썼다.

㉤ 김대성, 서정흠은 '일창일기(一槍一旗)인 어린 차싹을 따서 만든 차'로 생각했다.

㉥ 윤병상은 '작설차(雀舌茶)의 다른 이름'으로 보았다.

㉠, ㉡, ㉢처럼 작설차의 뜻으로 보는 견해가 가장 많다. 또 목차의 대조적 개념으로 보거나 단차의 대조적 개념으로 보기도 했다. 여기서 목차라는 용어가 나오는데 이에 관해서는 『다경』「팔지출(八之出)」에서 논한 바 있다.

나) 초차에 관한 옛글들을 정리해 보았다.

㉠ 昔者陸羽號爲知茶 석자육우호위지다
　然羽之所知者 皆今之所謂草茶 何哉
　연우지소지자 개금지소위초다 하재
　如鴻漸所論 蒸笋並葉 畏流其膏 茶經 二之具
　여홍점소론 증순병엽 외류기고 다경 이지구
　蓋草茶味短而淡 故常恐去膏
　개초다미단이담 고상공거고
　建茶力厚而甘 故惟欲去膏
　건다역후이감 고유욕거고
　又論福建爲 未詳 往往得之 其味極佳
　우론복건위 미상 왕왕득지 기미극가
　지난 날 육우는 차를 아는 사람으로 알려졌으나

그가 아는 바는 모두 지금의 초차에 관한 것이었다.

왜냐하면 육우는 『다경』「이지구」에서

"차의 순과 잎을 찔 때 그 고(膏)가 없어질까 염려했다"고 했으나

일반적으로 초차는 맛이 얕고 맑아서

항상 고가 없어질까 걱정하게 한다.

(하지만) 건차는 힘이 깊고 달아서 고를 없애려 했다.

또 복건차에 대해 "자세히 모르나 때때로 구해서 마시면

그 맛이 지극히 좋았다"고 했다.

―송(宋) 황유, 『품다요록』, 「후론(後論)」

◐ 고를 빼지 않고 만든 것이 초차로, 고를 빼고 만든 건주차와 대조적이다.

ⓛ  草茶極品 惟雙井 顧渚 亦不過各有數苗

초다극품 유쌍정 고저 역불과각유수묘

…

然歲僅得一二斤爾

연세근득일이근이

…

取其初萌如雀舌者 謂之槍

취기초맹여작설자 위지창

**稍敷而爲葉者 謂之旗 旗非所貴**
초부이위엽자 위지기 기비소귀

**不得已取一槍一旗猶可 過是則老矣**
부득이취일창일기유가 과시즉노의

초차의 극상품은 오직 쌍정과 고저차이지만

각각 몇 묘에 지나지 않는다.

…

그래서 한 해에 일이십 근 정도 뿐이다.

…

그 처음 참새의 혀와 같은 싹을 따서 창이라 하고

조금 피어 잎이 된 것을 기라 하나 기는 귀한 것이 아니다.

부득이 일창일기를 딸 수 있지만 이보다 지나면 늙은 잎이다.

―섭몽득, 『피서록화』

🟢 쌍정과 고저차가 초차의 대표적인 것이라고 했다. 곧 쌍정과 고저차는 연고차가 아니다.

ⓒ **會稽有日鑄嶺 嶺下有寺 名資壽**
회계유일주령 영하유사 명자수

其陽坡名油車 朝暮常有日 茶産其地 絶奇

기양파명유거 조모상유일 다산기지 절기

歐陽文忠公云 臘茶出于劍 建

구양문충공운 납차출우검건

草茶盛于兩浙 兩浙草茶 日鑄第一

초차성우양절 양절초다 일주제일

회계에 일주령이 있는데 고개 아래에

'자수'라는 이름의 절이 있다.

그 양지바른 언덕 이름이 '유거'인데

아침부터 저녁까지 해가 비치고

거기서 나는 차가 맛이 아주 좋다.

구양수는 "납차는 검남, 건주에서 나고

초차는 양절지역에서 나는데

그 초차 중에는 일주가 제일이다"고 말했다.

―축목,『방여승람(方輿勝覽)』

● 작설이나 일창일기 정도를 넘지 않고 따서 만들며, 대표적인 차는 일주차로 맛이 아주 좋다.

㉣ 唐多以蒙山 顧渚 蘄門者爲上品

당다이몽산 고저 기문자위상품

當時飮茶尙雜以蘇椒之類 당시음다상잡이소초지류

…

遂以碧色爲貴 亦祇爲之煎茶

수이벽색위귀 역지위지전다

不知點試之妙 大率皆草茶也

불지점시지묘 대솔개초차야

至富沙則略而不論

지부사즉략이불론

陸羽茶經 統言福建泉韶等 十州所出者未詳

육우다경 통언복건천소등 십주소출자미상

往往得之 其味極佳而已

왕왕득지 기미극가이이

당나라 때는 몽산, 고저, 기문에서 생산되는 차에

좋은 것이 많았다.

그때까지는 아직 차에 차조기나 산초 등을 섞어 마셨다.

…

차의 푸른색을 귀하게 여기고

전다를 즐기고 점다법의 묘를 알지 못했으니

대체로 모두 초차였다. 부사에 이르면 생략하고 말하지도 않았다.

육우는 『다경』에서 복건, 천소 등

십여 개 주에서 생산되는 차는 자세히 모르나

때때로 얻어 마시면 그 맛이 아주 좋았다고 했을 뿐이다.

—송(宋) 팽승(彭乘), 『속묵객휘서(續墨客揮犀)』

◉ 육우는 건차에 대해서 자세히 몰랐고, 그때 마시던 차는 전다(煎茶) 하는 병차에 다른 것을 넣어 끓여 푸른색의 유화를 즐긴 초차였다.


⑪ 觀研膏之句 則知嘗爲團茶無疑

관연고지구 즉지상위단차무의

自建茶入貢 陽羨不復研膏 謂之草茶而已

자건차입공 양선불부연고 위지초차이이

(앞의 시에서) 연고의 구절을 보면

곧 단차라는 것에 의심의 여지가 없다.

건주차를 입공하면서부터

양선에서는 다시 연고차를 만들지 않고

이른바 초차가 있을 뿐이었다.

—송(宋) 길상지(葛常之), 『증수시화총귀(增修詩話總龜)』

🔹 연고차와는 대칭적인 것이 초차다.

㉧ 灘湖諸山舊出茶 謂之灘湖茶
옹호제산구출차 위지옹호차

李肇所謂 岳州湖之含膏 是也
이조소위 악주호지함고 시야

唐人極重之 見于篇什
당인극중지 견우편십

今人不甚種植 惟白鶴僧園 有千餘本
금인불심종식 유백학승원 유천여본

土地頗類北苑 所出茶一歲不過一二十斤
토지파류북원 소출차일세불과일이십근

土人謂之白鶴茶 味極甘香 非他處草茶可比竝
토인위지백학차 미극감향 비타처초차가비병

茶園地色亦相類 但土人不甚植爾
다원지색역상류 단토인불심식이

옹호의 여러 산에서 옛날에 차가 생산되었는데

그를 일러 옹호차라 했다.

이조가 말한 "악주호의 고를 머금은 차"가 바로 이것이다.

당대의 사람들이 지극히 중시해서 십여 편의 기록이 남았다.

지금 사람들은 많이 심지 않고 백학승원에

천여 본이 남았을 뿐이다.

토지가 북원과 아주 비슷하나 생산되는 차는

일 년에 일이십 근에 지나지 않으니

그 지방 사람들이 백학차라 이르는데

맛이 극히 달고 향기로워 다른 곳의 초차와 비교할 수 없다.

다원의 땅이 아주 비슷하나 그곳 사람들이 심지 않고 있다.

―송(宋) 범치명(范致明), 『악양풍토기(岳陽風土記)』

◐ 고를 빼지 않고 만든 악주 지방의 차가 초차다.

이상의 여러 기록들을 보면 초차(草茶)인가 아닌가의 기준을 공통적으로, 그것이 산차든 병차든 일단 고(膏)를 뺀 연고차냐 빼지 않고 만든 차냐에 두고 있다. 이를 다른 말로 표현하면 연고(研膏)의 과정을 거치면 찻잎의 모양이 사라지고 엉겨서 새로운 덩어리가 되는데, 고를 빼지 않고 만드는 차는 산차 모양이든 덩이 모양이든 잎의 형태를 어느 정도 유지한다. 이는 산차를 끓인 후의 습엽(濕葉)을 보거나,

병차를 연고차처럼 으깨지 않고 만드는 모습에서 알 수 있다. 즉 갈아서 모두 마시느냐, 잎을 우려내고 그 우린 물만 마시느냐에 기준을 두었다고 볼 수 있다. 한편, 송대에는 강남에서 만든 차를 초차라 칭하고, 건차(建茶/建安茶)와 상대어로 쓰기도 했다. 일설에는 초차는 산차이며 단차의 상대어라 주장하나, 이는 여러 기록을 통해 보면 논리적으로 합당하지 않다.

주6 **景祐**

송(宋) 4대 인종(仁宗, 1023~1063)의 재위 기간(1034~1038) 연호를 뜻한다.

● 해설

옛날의 유명한 차인 설화(雪花), 운유(雲腴)와 쌍정(雙井), 일주(日鑄)를 찬양했다. 그들의 장점과 애용한 차인들의 송시(頌詩)들을 예시했다.

## 🟢 출전

- 『동파시집(東坡詩集)』「화전안도기혜건차(和錢安道寄惠建茶」
- 『황정견시집(黃庭堅詩集)』「쌍정차송자첨(雙井茶送子瞻)」
- 구양수(歐陽修)의 『귀전록(歸田錄)』

## 20

建陽丹山碧水鄉 品題特尊雲澗月
　　주1　　주2　　　　　　　　　주3
건양단산벽수향 품제특존운간월


遯齋閒覽 建安茶爲天下第一
　주4　　　주5
둔재한람 건안다위천하제일

孫樵送茶焦刑部曰 晚甘侯十五人遣侍齋閣(閤)
　주6　　　　주7　　　주8　　　　　　주9
손초송다초형부왈 만감후십오인견시재각(합)

此徒乘雷而摘 拜水而和 蓋建陽丹山 碧水之鄉
　　　　주10　　　주11
차도승뢰이적 배수이화 개건양단산 벽수지향

月澗雲龕之品 愼勿賤用 晚甘侯茶名
월간운감지품 신물천용 만감후다명

茶山先生 乞茗(茶)疏
　주12　　　주13
다산선생 걸명(다)소

朝華始起 浮雲晶晶於晴天
　주14　　　　　주15
조화시기 부운효효어청천

午睡初醒 明月離離於碧澗
　　　　　　　　주16
오수초성 명월이리어벽간



228 동다송 주해

● 국역

건양과 단산은 벽수의 고장이니
운감과 월간차는 특별히 뛰어나네.

『둔재한람』에는 건안차가 천하제일이라 했다.
손초가 초형부에게 차를 보내면서 편지에
"만감후 열다섯을 시제각으로 보냅니다.
이들은 우레가 칠 때 따서 만들었으니
물을 잘 만나야 좋습니다(좋은 물과 어울려야 잘 만들어집니다).
무릇 건양과 단산은 물이 맑은 고장으로
월간차와 운감차가 나오는데
함부로 다루어서는 안 됩니다"라고 했다.
만감후는 차의 이름이다.
다산 선생이 「걸명소」에서
"아침의 밝음이 퍼지기 시작하거나
구름 맑고 깨끗하게 하늘에 떠 있거나
낮잠에서 막 깨었거나
밝은 달이 푸른 냇물에 오롯이 비칠 때

(좋은 물로 차를 끓이기에 좋다)"고 했다.

## ● 교주

- 초형부(焦刑部)의 형(刑)은 『다예관본』에 단(丹)으로 표기 되었는데 이것을 형(刑)으로 바로잡는다.
- 후(侯) 또한 『다예관본』에는 후(候)로 표기된 것을 후(侯) 로 바로잡는다.

## ● 주

**주1 建陽**

복건성(福建省)에 있는 차의 산지다. 송대 황실 다원인 북원(北苑)과 무이구곡(武夷九曲)이 이웃하고 있다.

**주2 丹山**

호북성(湖北省) 파동현(巴東縣)에 있는 산으로 산에 단혈(丹穴)이 있고, 자기(紫氣)가 감돈다고 하여 단산(丹山)이라 했다.

주3 雲澗月

주에 '월간운감(月澗雲龕)'이라 한 것을 보면 '월간'과 '운감'이라는 차를 말한다. 품질이 아주 좋은 차의 이름으로 보인다.

주4 遯齋閒覽

북송(北宋)대 범정민(范正敏)이 찬술한 책이다. 『초계어은총화(苕溪漁隱叢話)』에 실린 일종의 초록(抄錄)이다.

주5 建安茶

일명 건차(建茶), 혹은 건주차라 한다. 지금의 복건성 남평이북지구(南平以北地區)로 건구현(建甌縣)이며, 건주치소(建州治所)가 있던 곳이다. 특히 봉황산에 송대 북원(北苑)이 있는 역사적인 차 산지이다.

주6 孫樵

한유(韓愈)의 문하(門下). 자(字)는 가지(可之)로 관동(關東) 사람이며, 중서사인(中書舍人)을 지내고 문집 『손가지집(孫可之集)』 10권을 남겼다.

주7 **焦刑部**

여러 책에 초형부(焦刑部)에 대한 기록이 있는데 그 해설이 조금씩 다르다.


孫樵送茶焦刑部曰 손초송다초형부왈
晚甘侯十五人遣侍齋閣 만감후십오인견시재각
此徒乘雷而摘 拜水而和 차도승뢰이적 배수이화


㉠ 『초의전집』 1집, 『한국의 다서』

    손초가 초형부에 차를 보내는 서장에서 이르기를
    "만감후 열다섯 녀석을 시재합에 보냅니다.
    이 무리들은 모두 우레를 이용해서 따고
    물을 받아 맛을 조절했습니다"라 했다.


㉡ 윤경혁, 『차문화고전』(홍익재)

    손초가 차를 덖어 형부에 보내는 글에
    "만감후 열다섯을 제각시자(祭閣侍者)에게 보냅니다.
    이것들은 다 우레를 타고,
    물을 받으며 화제한 것입니다"라 했다.

ⓒ《월간 다도》

 손초가 차를 보내면서 형부로 보낸 글에 만감후라고 했다.
 열다섯 명의 시중들 사람을 재각으로 보내니
 이들이 모두 번개같이 물을 길어다 차를 달여 올렸다.


ⓛ 정영선, 『동다송』(너럭바위)

 손초가 초 지방의 형부에게 차를 보내면서 말하기를
 "만감후 열다섯 개를 시재각에 보냅니다.
 그 차들은 우레가 칠 때 딴 것이어서
 물에 절을 하고 맛을 냅니다"라고 했다.


ⓜ 김대성, 『동다송』(동아일보사)

 손초가 형부에 차를 보내면서
 "만감후 열다섯 개를 시재합에 보냅니다.
 이들은 모두 우레가 칠 때 차를 따고
 물을 길러 제대로 만든 것입니다"라고 했다.

위의 여러 해석들을 보면 약간씩 차이가 있는데, ⑪번 해석이 가장 무난해 보인다. 여기서는 '손초가 초형부에 차를 보내면서 말하기를 "만감후차 열다섯 개를 시재각에 보냅니다. 이 차들은 우레가 칠 때 따서 물을 길어와 차를 만들었습니다"라고 했다'로 해석한다.

### 주8 晩甘侯

손초의 글에 처음 사용된 차의 별칭으로 마실 때 나중에 느끼는 감미를 표현한 것이다. 이외에도 불야후(不夜侯), 여감씨(餘甘氏) 등이 있다.

### 주9 侍齋閣

옛날에도 새로 지은 농산물을 신전에 처음 바쳤는데 이는 나라에서도 마찬가지로 햇차가 나면 제일 처음 종묘에 올린다. 이 같은 제의를 담당하던 관청을 이른다.

### 주10 乘雷而摘

앞에 나온 뇌명차(雷鳴茶) 조(條)를 참고한다.

주11 拜水而和

샘을 향해 의식을 베풀고 물을 떠서 고와 잘 조화시켜서 만든 것이다. 즉 물을 함부로 떠오지 않고, 정성껏 정결하게 취급했음을 말한다[用拜敕祭泉 得來的水和膏硏造而成].

주12 茶山先生

다산 정약용은 초의와 교유한 차인들 가운데 한 명이다. 1장 3절의 내용을 참고한다.

주13 乞茗疏

다산이 쓴 「걸명소(乞茗疏)」를 소개한다.


旅人近作茶饕 兼充藥餌

여인근작다도 겸충약이

書中妙辟 全通 陸羽之三篇
　　　　　　　참고1

서중묘벽 전통 육우지삼편

病裏雄蠶(呑) 遂竭盧仝之七椀
　　참고2　　　　　참고3

병리웅잠(탄) 수갈노동지칠완

雖侵(浸)精瘠氣 不忘幕母旻(煛)之言 참고4

수침(침)정척기 불망기무민(경)지언

而消壅破瘢 終有李贊皇之癖 참고5

이소옹파반 종유이찬황지벽

泊乎朝華始起 浮雲晶晶於晴天

계호조화시기 부운효효어청천

午睡初醒 明月離離乎碧澗

오수초성 명월이이호벽간

細珠飛雪 山爐(燈)飄紫笋之香

세주비설 산로(등)표자순지향

活火新泉 野席薦白兎之味 참고6

활화신천 야석천백토지미

花瓷紅玉 繁華 雖遜於潞公 참고7 참고8

화자홍옥 번화 수손어로공

石鼎青烟 澹素 庶乏(逼)於韓子 참고9

석정청연 담소 서핍(핍)어한자

蟹眼魚眼 昔人之琓好

해안어안 석인지완호

徒深龍團鳳餅 內府之珍頒已罄

도심용단봉병 내부지진반이경

**兹有采薪之疾 聊伸乞茗之情**

자유채신지질 뇨신걸명지정

**竊聞苦海津梁 最重檀那之施**
　　　　참고10　　　　　참고11

절문고해진량 최중단나지시

**名山膏液潛輸 瑞草之魁 宜念渴希 毋慳波惠**

명산고액잠수 서초지괴 의념갈희 무간파혜

나그네 이즈음 차를 탐하고 겸하여 약으로 쓴다오.

글(차에 관한 글들)[10] 속의 묘법은 『다경』 세 편으로 통달하고

병을 다스리자니 한창 먹어대는 누에처럼

노동의 칠완다를 마신다네.

(차를 마시면) 정기가 가라앉고 수척해진다는

기무경의 말을 비록 잊지 않았으나

막힌 것을 뚫고 부스럼을 없앤다는 이찬황의 차 버릇에 빠졌소.

아침의 밝음이 퍼지기 시작하면

구름이 맑고 깨끗하게 하늘에 떠 있거나

낮잠에서 막 깨어보니 벌써 밝은 달이

---

10) 괄호 안 글자들은 전하는 글에 따라 다르다.

푸른 냇물에 오롯이 비칠 때에 이르러서

(차를 끓이면) 작은 눈 구슬(차 가루) 날고

산가의 화로엔 자순의 향기에 나부끼네.

새 샘물에 이글거리는 불

야석에서 백토가 찧어서 만든 영약의 맛이라네.

꽃 그린 붉은 옥잔으로 마신 노공의 번화로움 따르지 못하고

돌솥 푸른 연기의 청담소박함도 한유에게 좀 모자라지만

게눈 고기눈 떠오르는 물 끓임만은 옛사람처럼 즐겨 한다네.

깊이 갈무리했던 용단 봉병 등 귀한 것 이미 바닥나고

땔나무조차 할 수 없는 아픈 몸으로

오직 차를 비는 정분을 펼 뿐이오.

적이 듣건대 고해를 건너는 다리를 얻는 길은

한결같이 시주하는 것이 가장 중요하다고 했소.

명산의 정기를 받아 서초의 으뜸인 차를 목마르게 바라노니

아낌없는 큰 은혜 베풀기 바라오.

─「걸명소(乞茗疏)」, 을축동 증아암선사(乙丑冬 贈兒菴禪師)

## 🟢 한자

饕 : 탐할 도

洎 : 미칠 계[及也]

罄 : 빌 경

慳 : 아낄 간, 인색할 간

## 🟢 참고

**참고1** 陸羽之三篇

육우지삼편(陸羽之三篇)은 육우가 쓴 『다경』 3권을 뜻한다.

- 상권 : 일지원(一之源), 이지구(二之具), 삼지조(三之造)
- 중권 : 사지기(四之器)
- 하권 : 오지자(五之煮), 육지음(六之飮), 칠지사(七之事), 팔지출(八之出), 구지략(九之略), 십지도(十之圖)

**참고2** 病裏雄蠶(呑)

병을 필자(다산)로 보아 '병을 다스리자니'로 해석할 수 있고, 일부에선 '누에가 자라는 과정에 수척하게 되는 때가 있어서 그 다음에 오는 왕성한 식욕'으로 보기도 한다. 문제는 '잠(蠶)'과 '탄(吞)'이라는 다른 글자이다. 어느 것이 바르게 쓴 것인지는 모르나 궁극적인 뜻은 '많이 마신다'로 같다. 잠(蠶)의 약자가 '천(蚕)'으로 '탄(吞)'과 비슷하기 때문에 옮긴이가 잘못 적었을 가능성이 높다. 여기서 다산이 아프기 때문에 약으로 썼다고 보는 것은 바로 처음에 약이라는 말이 나오기 때문에 좀더 사실에 근접한 해석이라 생각한다.

### 참고3 盧仝之七椀

노동(盧仝, 796~835)이 지은 「주필사맹간의기신다(走筆謝孟諫議寄新茶)」를 세칭(世稱) 「칠완다가(七碗茶歌)」라 한다. 그는 당(唐)대 시인으로 호를 옥천자(玉川子)라 했으며, 하남성 제원(濟源)사람이다. 소실산(少室山)에 은거하여 학문에 힘을 쏟았고, 성정이 고고개벽(高古介僻)하여 벼슬길에 나가지 않았다. 스스로 말하기를 "위로 천자를 섬기지 않고, 아래로 제후들과 알려고 하지 않는다[上不仕天子 下不識侯王]"고 했다. 실제로 조정에서 간의대부(諫議大夫)를 내렸으나 출사(出仕)하지 않았으며, 감로(甘露)의 변(變)에 왕애(王涯)의 집에 갔다가 변을 당했다.

## 참고4 蔡母旻(㬠)之言

釋滯消壅 一月之利暫佳 석체소옹 일월지리잠가

瘠氣耗精 終身之累斯大 척기모정 종신지누사대

獲益則歸功茶力 胎患則不謂茶災

획익즉귀공다력 태환즉불위다재

당(唐)대 우보궐(右補闕)을 지낸 사람으로 성정이 차를 싫어해서

체하고 막힌 것을 풀어주는 것은

짧은 동안(한 달)의 이로움으로 잠깐 좋고

기운이 메마르고 정력이 소모하는 것은

평생의 누가 됨이 이같이 큰데도

이로움이 되면 차의 공으로 돌리고

병이 나도 차의 재해라고 말하지 않는다.

— 『대당신어(大唐新語)』, 「다음서(茶飮序)」

이 사람의 이름은 최근 중국책에서는 기무민(綦母旻)으로 많이 기록하나, 좀더 거슬러 올라가면 기무경(綦母㬠)으로 많이 쓰였다.

참고5 **李贊皇之癖**

[21] 주9(253쪽)에서 자세한 설명이 나온다.

참고6 **白兔之味**

백토지미(白兔之味)는 여러 가지로 해석할 수 있다.

㉠ (달나라의) 백토(白兔)가 찧어서 만든 약의 맛.

**白兔擣藥成 問言與誰餐** 백토도약성 문언여수찬

백토가 방아 찧어 약 만들어, 누구에게 먹이려느냐 물어 본다네.

—이백

㉡ 백토공자(白兔公子)가 달인 (차의) 맛.

팽조(彭祖)의 제자인 청의오공(青衣烏公)은

갈홍(葛洪)의 포박자(包朴子)에 나오는 선인(仙人)이니,

이가 곧 백토공자이다.

**舊事仙人白兔公 掉頭歸去又乘風**

구사선인백토공 도두귀거우승풍

옛날 신선인 백토공이 노를 저어 바람을 타고 돌아갔다네.

—당(唐) 한굉(韓翃)

ⓒ 들에서 달에게 천신할 때의 기분. 백토가 달을 뜻한다고 볼 때 가능한 해석이다.

### 참고7 花瓷紅玉

화자와 홍옥의 다기들을 말한다.

### 참고8 潞公

노(潞)는 춘추시대의 지명으로 거기에 살던 부자인 노공은 호화롭게 온갖 취미를 누렸다. 즉 이 구(句)는 '부자인 노공의 사치에는 못 미치나'라는 뜻이다.

### 참고9 韓子

한유(韓愈)를 높여 부르는 말이다. 한유는 당송팔대가(唐宋八大家)의 한 사람이다.

참고10 津梁

다리, 교량을 뜻한다.


참고11 檀那之施

단나(檀那)는 불가에서 보시(布施)하는 사람을 말한다. 여기서는 '아암(兒庵)'을 가리킨다. 그러니 '보시를 행하다'의 뜻이다.


주14 朝華始起

가) 화(華)는 여러 가지 뜻으로 해석이 가능하다.

㉠ 화(花)

㉡ 개화(開花)

㉢ 해, 달의 주변의 빛

㉣ 광채(光彩)

㉤ 계절의 빛

㉥ 영화(榮華)

㉦ 적색(赤色)


나) 조화(朝華) 역시 여러 가지 뜻이 있다.

㉠ 일찍 피는 꽃

朝華之草 夕而零落 조화지초 석이영락

松柏之茂 隆寒不衰 송백지무 융한불쇠

아침에 핀 꽃은 저녁이면 시들지만

송백의 무성함은 추위에도 건재한다.

―『삼국지(三國志)』

㉡ 무궁화

여기서는 이러한 뜻 중에 꽃 또는 빛의 뜻으로 해석하는 것이 옳다.

주15 浮雲皛皛於晴天

구름이 맑고 깨끗하게 하늘에 떠 있는 모양을 뜻한다. 효효(皛皛)는 깨끗하고 맑고 드넓게 밝은 모양을 말한다.

昭昭天宇闊 皛皛川上平 소소천우활 효효천상평

맑고 밝은 하늘이 넓게 열려 있고, 깨끗한 기운이 냇물 위에 깔렸다네.

―도잠(陶潛)

雨歇南山積翠 來紫陌晴光晶晶 우헐남산적취 내자맥청광효효

비 개니 남산이 더 푸르고, 땅 위의 맑은 빛이 붉그스레 떠오르네.

—장사유(張四維)

### 주16 明月離離於碧澗

'밝은 달이 푸른 냇물에 오롯이 비치다'는 뜻이다. 이이(離離)는 여러 가지로 해석이 가능하다.

㉠ 주렁주렁 드리워진 모양
㉡ 농밀한 모양
㉢ 정연한 모양

## ● 해설

여기서는 좋은 물이 있어야 좋은 차가 생산된다. 즉 산자수명(山紫水明)한 곳이라야 명차가 생산된다.

## 21

東國所産元相同 동국소산원상동
色香氣味論一功 색향기미론일공
陸安之味蒙山藥 육안지미몽산약
古人高判兼兩宗 고인고판겸양종


東茶記云 或疑東茶之效 不及越産

동다기운 혹의동다지효 불급월산

以余觀之 色香氣味少無差異

이여관지 색향기미소무차이

茶書云 陸安茶以味勝

다서운 육안다이미승

蒙山茶以藥勝 東茶蓋兼之矣

몽산다이약승 동다개겸지의

若有李贊皇陸子羽

약유이찬황육자우

其人必以余言爲然也

기인필이여언위연야

● 국역

우리나라에서 나는 차도 그 근원은 서로 같아
색향과 기미가 중국과 한 가지라 말하네.
육안차의 좋은 맛 몽산차의 약효를 지녀
옛사람들은 우리 차가 둘을 겸했다 높이 평가했다네.

『동다기』에 이르기를 혹 사람들이
우리 차의 효과가 중국 것에 못 미친다 하는데
내가 보기에는 색·향·기·미가 조금도 차이가 없다.
다서에서 말하기를
"육안차는 맛이 좋고 몽산차는 약효가 좋다"고 하지만
우리 차는 이 두 가지를 다 겸비했다.
만약 이찬황과 육자우가 지금 있다면
그들은 내 말에 반드시 동의할 것이다.

## ● 주

### 주1 元相同

'원래 서로 같다'는 뜻이나 무엇과 같은 것인지 확실하지 않다. 이에 대해 크게 두 가지의 견해가 있다.

㉠ 용운, 정영선, 김대성 등은 '우리 차와 중국차의 근원이 같다'고 본다.

㉡ 김명배는 '모든 우리 차는 서로 그 근원이 동일하다'고 본다.

필자가 보기엔 둘째 구의 내용이 우리나라에서 생산되는 여러 차가 다 한 가지라는 해석보다는 우리 차의 색·향·미가 중국과 한 가지라는 해석이 좀더 자연스럽다.

### 주2 氣味

보통은 색·향·미로 말하나 기미(氣味)라고 하여 기(氣)를 붙임으로 복합적인 의미가 첨가된다. 기는 곧 기운을 말하는 것으로 흔히 '기가 세다' 등의 의미로 쓰인다.

주3 陸安

옛날에는 '육(六)'의 갖춘자가 '육(陸)'이었기 때문에 기록에 두 가지를 다 사용했다. 육안차(陸安茶)는 안휘(安徽)의 육안(六安)에서 생산되는 모든 차에 대한 이름이다. 주로 육안, 곽산(霍山), 금채(金寨) 등에서 생산되고, 명대에 명성이 대단했다. 육안은침(六安銀針), 육안모첨(六安毛尖), 백모공첨(白茅貢尖), 육안작설(六安雀舌), 매화편(梅花片), 난화두(蘭花頭), 육안송라(六安松蘿), 예첨(蕊尖), 동산첨(東山尖), 서산첨(西山尖), 우전첨(雨前尖), 우후첨(雨後尖), 연지(連枝), 백연(白連), 녹연(綠連), 흑연(黑連) 등이 있었다.

**六安 品亦精** 육안 품역정

육안차는 역시 정품이다.

—명(明) 도륭(屠隆), 『다전(茶箋)』


六安茶爲天下第一 玉堂聯句有云

육안다위천하제일 옥당연구유운

七碗淸風自六安 每隨佳興入詩壇

칠완청풍자육안 매수가흥입시단

육안차는 천하제일이어서 옥당 연구에 이르기를

육안으로부터 일곱 잔 맑은 향기 불어오니

언제나 시단에 좋은 흥이 일어난다네.

―진정(陳霆), 『양산묵담(兩山墨談)』

### 주4 蒙山

몽산차(蒙山茶)는 [18]의 주2(199쪽)를 참고한다.

### 주5 古人

『동다기』를 지은 사람이다.

### 주6 東茶記

이제까지 이 저술은 확실히 밝혀지지 않았다. 한두 군데의 기록을 바탕으로 정약용의 저술로 알려져 왔다가 1981년경에 들어 본관이 전의인 이씨라는 뜻의 '전의이(全義李)'가 서명된 『다기(茶記)』라는 기록이 발견되었다. 이 기록에 『동다송』의 내용과 일치하는 부분이 있어서 그것이 『동다기』라고 생각하는 사람들이 많았다.

그런데 2006년에 한양대학의 정민 교수가 발굴한 『강심(江

心)』이라는 책에서 이덕리라는 사람이 18세기 말에 쓴, 『다기』의 원본으로 보이는 『기다(記茶)』가 세상에 알려졌다. 이는 전자의 『다기』보다 내용이 훨씬 많고 오자(誤字)도 적어서 좋은 사료(史料)로 인정된다. 따라서 많은 이들이 이것을 이제까지 말하던 『동다기』일 것이라고 믿는다. 하지만 아직도 『동다기』라고 이름이 붙은 기록은 발견되지 않았기에 좀 더 생각해 볼 시간이 필요하다. 초의가 『기다』나 『다기』를 『동다기』라고 불렀으리라고는 생각하기 어렵고, 이들의 필사본 중에 『동다기』라 이름 붙인 기록이 있던지, 혹은 다산이나 다른 사람이 그 기록을 발췌하든가 첨가해서 『동다기』란 새로운 저술을 했을 가능성도 아주 배제할 수는 없다.

### 주7 越産

절강성 소흥 지방을 월(越)이라 하지만, 여기선 중국을 의미하여 중국산을 말한다.

### 주8 茶書

특정한 어느 다서를 의미하기보단, 그런 내용을 담은 『당국사보(唐國史補)』, 『몽정다설(蒙頂茶說)』, 『다보(茶譜)』, 『명

산현지(名山縣志)』,『귀전록(歸田錄)』,『당본초(唐本初)』,
『곽산현지(霍山縣志)』,『안휘다경(安徽茶經)』등의 다서들을
말한다고 본다.

주9 **李贊皇**

이찬황(李贊皇, 787~850)은 당(唐)대의 문인이요 정치인이며 차인으로, 재상 이길보(李吉甫)의 아들이었다. 자(字)는 문요(文饒)이고 하북(河北)의 찬황(贊皇) 출신이므로 '찬황'이라 불렀다. 벼슬은 태위(太尉)를 지내고 형남절도사(荊南節度使)가 되었다. 우승유(牛僧儒)와 벌인 우리당쟁(牛李黨爭)으로 애주(崖州)로 귀양 가서 죽었다.

차를 좋아했고 특히 천여 리나 떨어진 혜산천(惠山泉)의 물을 길어다가 차를 마셨으므로 수체(水遞, 우체부들이 편지를 전하듯 빠른 시간에 물을 전달하여 차를 마신 것을 비유한 말)라는 말이 나왔다. 또 그가 몽산(蒙山)에 가서 고기에 떡차를 넣었더니 다음날 고기가 형체를 알아볼 수 없을 정도로 없어졌다는 이야기가 있다. 그만큼 차가 음식물을 소화시키는 힘이 강력했음을 보여준다.

주10 **陸子羽**

육우를 가리키는 말로 자(子)는 높이는 접미사다.

● 해설

이 부분은 『동다송』 중에서 아주 중요한 의미를 가진다. 우리 차를 중국차와 비교하여 색·향·미가 조금도 손색이 없음을 강조한 초의 자신의 의견을 내비친 부분이기 때문이다.

## 22

還童振枯神驗速 환동진고신험속
八耋顔如夭桃紅 팔질안여요도홍
주1

李白云 玉泉眞公年八十
주2　　주3
이백운 옥천진공연팔십

顔色如桃李 此茗香淸異于他

안색여도리 차명향청이우타

所以能還童振枯 而令人長壽也

소이능환동진고 이령인장수야


● 국역

늙은 것을 떨쳐서 젊게 만드는 신효(神效)함 빨라
팔십 노인의 얼굴이 복사꽃처럼 붉어졌다네.

이백이 말하기를
옥천사에 있던 진공은 나이 팔십에도
얼굴이 복숭앗빛이었다.

이곳 차 향기의 맑기가 다른 곳의 차와 달라

늙음을 젊음으로 돌이키고 사람의 수명을 길게 하였다.

 주

주1 八耋

질(耋)은 '팔십 늙은이'로 많이 쓰이고, 모질(耄耋)은 팔십 노인을 말한다. 여기선 주(註)의 내용대로 '팔십여 세의 늙은 이'로 해석한다.

주2 李白

이백(701~762)은 당(唐)대를 대표하는 시인이다. 「월하독작(月下獨酌)」, 「정야사(靜夜思)」 외에도 「옥계원(玉階怨)」, 「파주문월(把酒問月)」, 「자야추가(子夜秋歌)」, 「관산월(關山月)」 등 달에 관한 많은 명시를 남겼다.

花間一壺酒 獨酌無相親 화간일호주 독작무상친
擧杯邀明月 對影成三人 거배요명월 대영성삼인
月旣不解飮 影徒隨我身 월기불해음 영사수아신

暫伴日將影 行樂須及春 잠반일장영 행락수급춘
我歌月徘徊 我舞影零亂 아가월배회 아무영령란
醒時同交歡 醉後各分散 성시동교환 취후각분산
永訣無情遊 相期邈雲漢 영결무정유 상기막운한

꽃밭에서 술 한 병 벗 없이 따라 들고

잔 들어 달을 청하니 그림자까지 셋이 되었네.

원래 달은 술 꺼리고 그림자는 내 흉내만 내네.

잠시 너희와 함께 이 밤 즐겨야겠네.

내가 노래하면 달이 서성이고 춤추면 그림자도 흔들어대네.

평시에 함께 즐기다가 취하면 서로 흩어지네.

인정을 넘어 함께 놀다가 아득한 은하에서 다시 만나리.

―「월하독작(月下獨酌)」

牀前看月光 疑是地上霜 상전간월광 의시지상상
擧頭望山月 低頭思故鄕 거두망산월 저두사고향

평상 앞 달빛 밝으니 바로 서리 내린 듯하이.

고개 들어 산 위의 달을 바라보다가 고향 생각에 머리 숙이네.

―「정야사(靜夜思)」

주3 **玉泉眞公**

　선장(仙掌)은 옥천선장(玉泉仙掌)을 말한다.


**李白詩集序 荊州玉泉寺近 淸溪諸山**

이백시집서 형주옥천사근 청계제산

**山洞往往有乳窟 窟中多玉泉交流**

산동왕왕유유굴 굴중다옥천교류

**其水邊有茗草羅生** 기수변유명초라생

**枝葉如碧玉拳然重疊 其狀如手** 지엽여벽옥권연중첩 기상여수

**號爲仙人掌 蓋曠古未觀也** 호위선인장 개광고미관야

**惟玉泉眞公 常採而飮之** 유옥천진공 상채이음지

**年八十餘 顔色如桃花** 연팔십여 안색여도화

**此茗淸香滑熟 異於他産** 차명청향활숙 이어타산

**所以能還童振枯 扶人壽也** 소이능환동진고 부인수야

…

**僧中孚示李白呼仙人掌 梅聖兪詩**

승중부시이백호선인장 매성유시

**莫誇李白仙人掌 且作盧仝走筆章**

막과이백선인장 차작노동주필장

이백의 시집 서문에

"형주 옥천사 근처의 여러 산에는

산골짜기에 군데군데 종유굴이 있고

굴 안에는 옥 같은 샘물이 얽혀 흐른다.

그 물이 흘러내리는 주변에 차가 빽빽하게 자란다.

줄기와 잎이 벽옥을 포갠 듯하고

모양이 손 같아서 선인장이라 불렀으니

대개 옛날에는 보지 못한 것이다.

다만 옥천사의 진공 화상이

항상 그것을 채취해서 달여 마셨는데

나이 팔십이 넘어서도 안색이 복사꽃처럼 붉었다.

이 차가 향이 맑고 부드러워

다른 곳에서 생산되는 것과는 달리

능히 시든 몸을 젊게 하여

사람의 목숨을 연장시키더라.

…

중부 스님이 이백에게 보이니 선인장이라 이름 했다"고 한다.

매요신(梅堯臣)은 시에서

"이백의 선인장 차만 자랑하지 마라,

노동(盧仝)의 「칠완다가」도 있느니"라고 했다.

—유원장(劉源長), 『다사(茶史)』

● 해설

차의 약효가 환동진고(還童振枯)할 만큼 크다.

## 23

我有乳泉挹成秀碧百壽湯
　　　주1　　　주2
아유유천읍성수벽백수탕

何以持歸木覓山前獻海翁
　　　　　주3　　　주4
하이지귀목멱산전헌해옹


唐蘇廙著十六湯品 第三曰
　　　주5
당소이저십육탕품 제삼왈

百壽湯 人過百息 水逾十沸
백수탕 인과백식 수유십비

或以話阻 或以事廢 如取用之 湯已失性矣
　　　　　　　　　　　　　　　　주6
혹이화조 혹이사폐 여취용지 탕이실성의

敢問皤鬢(鬢)蒼顔之老夫
감문파빈(빈) 창안지노부

還可執弓扶(抹)矢 以取中乎
환가집궁부(말)시 이취중호

還可雄闊步(濶) 以邁遠乎
환가웅활보(활) 이매원호

제2장 동다송 주해　261

第八日 秀碧湯 石凝天地秀氣 而賦形者也

제팔왈 수벽탕 석응천지수기 이부형자야

琢而爲器 秀猶在焉 其湯不良 未之有也

탁이위기 수유재언 기탕불량 미지유야

近酉堂大爺 南過頭輪 一宿紫芋山房
　　　　주7　　　 주8　　　　　주9

근유당대야 남과두륜 일숙자우산방

嘗其泉曰 味勝酥酪
　　　　　　주10

상기천왈 미승소락

## ● 국역

나에게 유천이 있어 수벽탕 달이려다

백수탕 되기도 하지만

어떻게 (이 물) 가져가서

남산 아래 계시는 해옹께 드리리.

당나라 소이가 쓴 『십육탕품』의 제3품인 백수탕에 대해
"사람이 백 살을 넘긴 것처럼 물이 너무 끓은 것이다.
혹은 이야기를 하거나 다른 일 때문에 (시기를) 지나버리고

막상 쓰려고 하면 탕은 이미 (본성을) 잃어버렸다.

감히 묻노니, 머리칼이 희고 얼굴이 창백한 노인이

어떻게 화살을 걸고 활을 쏘아 과녁을 적중시킬 수 있으며

높은 곳에 힘차게 오르거나

먼 길을 걸을 수 있겠는가" 라고 했다.

제8품인 수벽탕에 대해

"돌은 하늘과 땅의 좋은 기운이 엉기어

형태가 이루어진 것이다.

(이를) 쪼아서 그릇을 만들어도 그 좋은 기운이 남아 있으니

(거기에) 끓인 탕이 나쁠 까닭이 없다"고 했다.

근자에 유당 어른께서 남쪽으로 두륜산에 오셨을 때

자우산방에서 하루 주무시면서 그 샘물을 맛보고

"맛이 소락보다 좋다"고 하셨다.

 주

주1 乳泉

유천(乳泉)은 두 가지 뜻으로 해석이 가능하다.

㉠ 종유석(鐘乳石)에서 떨어지는 물로, 광물질이 많아 속전

(俗傳) 선약(仙藥)이라 한다.

㉡ 석간(石澗)의 상품천수(上品泉水)를 말한다.


南劍州 天階山 乳泉 남검주 천계산 유천

남검주 천계산에 유천이 있다.

— 『습유록(拾遺錄)』


乳泉 石鐘乳山骨之膏髓也

유천 석종유산골지고수야

其泉色白而體重 極甘而香 若甘露也

기천색백이체중 극감이향 약감로야

유천은 석종유에서 나는 산골의 진액이다.

그 색이 희고 무거우며, 지극히 달고 향기로워 감로와 같다.

— 전예형(田藝衡), 『자천소품(煮泉小品)』, 「이천(異泉)」


水以乳液爲上 乳液必甘稱之 獨重于他水

수이유액위상 유액필감칭지 독중우타수

凡稱之重厚者 必乳泉也

범칭지중후자 필유천야

물은 젖빛 같은 것이 좋으니

젖빛 같은 물은 반드시 달고, 다른 물보다 무겁다.

중후하다고 많이 일컬어지면 그것은 반드시 유천이다.

—서헌충(徐獻忠), 『수품(水品)』, 「일원(一源)」

### 주2 秀碧百壽湯

수벽탕(秀碧湯)과 백수탕(百壽湯)을 말한다.

㈀ 수벽탕은 돌그릇에 달인 좋은 탕수를 뜻한다.

**石凝結天地秀氣 而賦形者也**

석응결천지수기 이부형자야

**琢以爲器 秀勝在焉 其湯不良 未之有也**

탁이위기 수승재언 기탕불량 미지유야

돌이란 천지의 빼어난 기운이 응결되어 형상으로 나타난 것이다.

쪼아서 그릇을 만들어도 그 기운이 남아 있으니

거기에 끓인 탕이 좋지 않을 수 없다.

—『십육탕품(十六湯品)』

ⓛ 백수탕은 물을 너무 끓여서 못 쓰게 된 것을 말한다.

人過百息 水逾十沸

인과백식 수유십비

或以話阻 或以事廢 始取用之 湯已失性矣

혹이화조 혹이사폐 시취용지 탕이실성의

敢問皤鬂蒼顔之大老 還可執弓抹矢以取中乎

감문파빈창안지대로 환가집궁말시이취중호

還可雄登闊步以邁遠乎

환가웅등활보이매원호

사람이 온갖 생각을 하느라 물이 너무 끓거나

이야기하거나 일에 바빠 물을 쓰려고 하면

너무 끓어서 수성을 잃어버린 뒤다.

감히 묻노니 수염이 허옇게 된 창백한 늙은이가

어떻게 활을 잡고 명중시킬 수 있으며

높은 곳을 오래 걸어서 멀리 갈 수 있겠는가.

―『십육탕품』

주3 木覓山

서울 남산의 옛 이름이 목멱이었다. 조선 초에는 목멱신사(木覓神祀)가 있었다.

주4 海翁

해거도인 홍현주를 말한다.

주5 蘇廙著十六湯品

당(唐)대 소이(蘇廙)가 찬술(撰述)한 탕(湯)에 관한 다서다. 물 끓임의 정도로 3품, 따르는 완급(緩急)으로 3품, 기류(器類)에 의해 5품, 땔감에 따라 5품으로 각각 나누어 모두 16품으로 구분 지어 설명했다. 소이는 일명 소우(蘇虞)라고도 했으며, 자세한 것은 전하지 않는다.

제7품(第七品)

**富貴湯 以金銀爲湯器 惟富貴者具焉**

부귀탕 이금은위탕기 유부귀자구언

**所以策(榮)功建湯業 貧賤者有不能遂也**

소이책(영)공건탕업 빈천자유불능수야

湯器之不可捨金銀

탕기지불가사금은

猶琴之不可捨桐 墨之不可捨膠

유금지불가사동 묵지불가사교

부귀탕은 금은으로 만든 탕기로 오직 부귀한 사람만이 갖출 수 있다.

(화려한) 공을 꾀하려 탕업을 세우는 것은

빈천한 사람으로서는 이룰 수 없는 것이다.

(이같이 좋은) 탕기를 만들 때 금과 은을 써야 하는 것은

거문고를 만들 때 오동나무를 써야 하고

먹을 만들 때 아교를 쓰지 않을 수 없는 것과 같다.

―『십육탕품』

주6 湯已失性

탕은 이미 물이 가진 수성(水性)을 잃어버렸다.

주7 酉堂大爺

추사의 부친인 김노경(金魯敬)을 지칭하며, 대야란 아주 높여서 부르는 어른을 말한다.

주8 頭輪

전라남도 해남군 삼산면에 있는 산으로 여기에 대흥사(대둔사)가 있다. 백제 구이신왕(久爾辛王) 7년에 해당하는 426년에 창건되었고 일지암도 여기에 있다.

주9 紫芋山房

'자우홍련사(紫芋紅蓮社)'라는 이름에서 온 말로 추사가 써 준 당호(堂號)이니, 바로 일지암의 다른 이름이다. 이곳에서 초의는 긴 세월을 살았는데 그때의 생활을 적은 것이 소치 허유의 『몽연록(夢緣錄)』이다.

주10 酥酪

우유를 정제해서 만든 식품을 말한다. 우유(牛乳) → 낙(酪) → 생소(生酥) → 숙소(熟酥) → 제호(醍醐)의 순서로 정제된다.

## ● 해설

이 부분에 오면 학생들의 질문이 많아진다. 일반적인 해석으로는 논리가 통하지 않는 부분이기 때문이다. 해거도인을 높이 받들어 모시고 싶은 마음이 간절한 초의가 어찌 백수탕 같은 실패작을 가져가서 올리고 싶다고 했는지가 의문스럽기 때문이다. 그러나 이는 해석의 관점을 잘못 잡은 것이다. 초의의 뜻은 다 끓인 차탕을 가져다 바치고 싶은 것이 아니라, 자신이 끓이는 유천의 좋은 샘물을 바치고 싶다는 것이다. 자신은 그 좋은 샘물로 차를 끓이면서도 최상급의 탕을 낼 수 없다. 어떤 때는 수벽탕 같은 차를 우리기도 하나 어떤 때는 백수탕 같은 실패작이 나오기도 한다. 이는 옆 사람과 이야기를 하거나 다른 일 때문에 (시기를) 지나버리고 말 때가 많고, 또 승려의 가난한 신분으로 금이나 은으로 된 좋은 다관을 가지고 있지 않아서 부귀탕 같은 탕수를 낼 수 없어서다. 그러니 이 물을 도인께 보내서 좋은 차맛을 맛볼 수 있도록 하고 싶은 것이다. 무엇보다 여기서 탕이란 다탕이 아님을 명심해야 한다. 즉 초의가 우리는 차는 산차로 봐야 한다. 아래에 제시한 제가(諸家)의 해석들을 읽으면 어떤 해석이 바른 것인지 알게 된다.

㉠ 나에게 젖샘이 있기에 지켜 서서

수벽탕과 백수탕을 만들지만

어찌 목멱산 앞에 갖고 들어가서 해거옹에게 드릴거나.

(수벽탕을 달이면 탕은 백수탕이 되니

아닌 게 아니라 그대[도인]에게 갖다 드릴 생각이 나며)

—김명배, 『한국의 다서』(탐구당)


㉡ 나에게 유천이 있어 수벽탕과 백수탕이 되는데

어떻게 가져가서 남산 아래 해옹에게 바칠까.

—정영선, 『동다송』(너럭바위)·윤병상, 『다도고전』(연세대출판부)


㉢ 내게 있는 유천을 길어 수벽탕 백수탕을 끓이거든

어찌 가져가 목멱산 앞 해거옹께 드릴거나.

—윤경혁, 『차문화고전』(홍익재)


㉣ 일지암에는 유천이라는 좋은 샘물이 있어서

초의 선사가 수벽탕을 끓이기도 하고

백수탕을 끓이기도 하는데

이 탕수로 차를 달여 가지고 가서 해거도인에게

드리고 싶으나 길이 멀어 어찌할 수 없구나.

— 용운, 《월간 다도》 '동다송'


㊀ 나에게 젖샘이 있어 이 물을 떠서 찻물을 끓이면

수벽탕이나 백수탕이 되버리니

어찌하면 목멱산 아래 해거옹에게 이 물을 드릴 수 있을까.

— 김대성, 『동다송』(동아일보사)


㊀ 유천 샘물 내게 있어 수벽백수탕(秀碧百壽湯) 만들어,

어이 지녀 목멱산의 해옹께 바칠 건가.

(천 그루 소나무 아래서 밝은 달을 마주하고

수벽탕을 달입니다. 탕이 백수가 되면

언제나 이것을 가져가 도인께 바쳤으면 하고

생각지 않은 적이 없었습니다.)

— '동다송 다시 읽기', 《차의 세계》 2008년 2월호

## 24

又有九難四香玄妙用 우유구난사향현묘용
<sub>주1</sub>

茶經云 茶有九難 다경운 다유구난

一曰造 二曰別 三曰器 四曰火

일왈조 이왈별 삼왈기 사왈화

五曰水 六曰炙 七曰末 八曰煮 九曰飮

오왈수 육왈적 칠왈말 팔왈자 구왈음

陰採夜焙 非造也 음채야배 비조야

嚼味嗅香 非別也 작미후향 비별야

羶鼎腥甌 非器也 전정성구 비기야

膏薪庖炭 非火也 고신포탄 비화야

飛湍壅潦 非水也 비단옹료 비수야

外熟內生 非炙也 외숙내생 비적야

碧紛縹(飄)塵 非末也 벽분표(표)진 비말야

操艱攪遽 非煮也 조간교거 비자야

夏興冬廢 非飮也 하흥동폐 비음야

萬寶全書 茶有眞香 有蘭香 有清香 有純香
<sub>주2</sub>
만보전서 다유진향 유난향 유청향 유순향

表裏如一 曰純香 표리여일 왈순향
不生不熟 曰淸香 불생불숙 왈청향
火候均停 曰蘭香 화후균정 왈난향
雨前神具 曰眞香 우전신구 왈진향
此謂四香 차위사향

## 국역

또 차에는 아홉 가지 어려움과 네 가지 향이 있나니 현묘하게 다루어야 한다.

『다경』에 이르기를
 "차에는 아홉 가지 어려움이 있다.
 첫째가 차 만들기요.
 둘째는 품질을 감별하는 것이요.
 셋째는 차 끓이고 마시는 그릇이요.
 넷째는 불을 살피는 것이요.
 다섯째는 물이요.
 여섯째는 차를 불에 굽는 것이요.

일곱째는 부수어 가루로 만드는 일이요.

여덟째는 끓이는 일이요.

아홉째는 마시는 일이다.

흐린 날 차를 따서 밤에 말리는 것은 차 만들기가 아니고

씹어서 맛을 보거나 코에 대고 냄새 맡는 것은

감별이라 할 수 없고

누린내 나는 솥이나 비린내 밴 사발은 찻그릇이 아니고

진이 나는 땔감이나 부엌에서 쓴 숯의 불은 불도 아니고

급히 흐르거나 고인 물은 (차 달이는) 물이 아니고

겉만 익고 속은 설익은 것은 (차를) 굽는 것이 아니고

푸른 가루나 담청색 분말은 (차) 가루가 아니고

서툰 솜씨로 서둘러 젓는 것은 끓이는 것이 아니고

여름엔 마시고 겨울엔 마시지 않는 것은

마시는 것이 아니다"라 했다.

『만보전서』에 "차에는 진향과 난향과 청향과 순향이 있다.

겉과 속이 같아 한결같은 것을 순향이라 하고

설익지도 지나치게 익지도 않은 것을 청향이라 하고

불기운이 고루고루 퍼져 잘된 것을 난향이라 하고

곡우 전이면서 다신을 갖춘 것이 진향이다.

이것이 이른바 네 가지 향이다"라 했다.

## 🟢 교주

- 표진(飄塵/縹塵)은 『석오본』에 표진(飄塵)으로 『다예관본』에 표장(飄庄)으로 나오는데, 『다경』에는 표진(縹塵)으로 되어 있다.

## 🟢 주

### 주1 九難

차를 취급하는 데 따르는 단계 마다 있는 아홉 가지의 어려운 점을 말한다.

### 주2 萬寶全書

[17]의 주1(194쪽)을 참고한다.

● 해설

이 부분은 차에 대한 아주 기본적인 사실들을 요약한 사항들이다.

● 출전

- 『다경』「육지음(六之飮)」
- 『만보전서』「채다론(採茶論)」

## 25

何以敎汝玉浮臺上坐禪衆
<sub>주1</sub>

하이교여옥부대상좌선중

智異山花開洞 茶樹羅生四五十里
<sub>주2</sub>

지리산화개동 다수나생사오십리

東國茶田之廣 料無過此者

동국다전지광 요무과차자

洞有玉浮臺(坮) 臺(坮)下有七佛禪院
<sub>주3</sub>

동유옥부대(대) 대(대)하유칠불선원

坐禪者常晚取老葉 晒乾然柴煮鼎

좌선자상만취노엽 쇄건연시자정

如烹菜羹 濃濁色赤 味甚苦澁

여팽채갱 농탁색적 미심고삽

政所云 天下好茶 多爲俗手所壞
<sub>주4</sub>

정소운 천하호다 다위속수소괴

## 🟢 국역

옥부대 위에 좌선하는 무리들아.
어떻게 하면 그대들을 가르치랴.

지리산 화개동에는 차나무가 사오십 리나 빽빽이 자라는데
우리나라 차밭으로는 이보다 더 넓은 곳이 없다고 생각한다.
골 안에 옥부대가 있고 대 아래에 칠불선원이 있는데
좌선하는 사람들이 항상 늦게 쇤 찻잎을 따서
땔나무 말리듯 햇빛에 말려 솥에 나물국처럼 끓이니
붉은색을 띠며 탁하고 맛이 몹시 쓰다.
이런 것을 일러 말하기를
'천하에 좋은 차를 서툰 솜씨로 버려 놓았다'는 것이다.

## 🟢 교주

- 옥부대(玉浮臺)의 대(臺)자가 『다예관본』에는 고자인 대(坮)로 쓰였다.

## ● 주

**주1 玉浮臺**

경남 하동 화개면 칠불암 위에 있는 대를 말한다. 옥부대 아래에 칠불암의 전신인 운상원(雲上院)이 있는데, 근자에 개축했다.

**주2 智異山花開洞**

경남 하동 화개면 일대를 지칭한다. 그 안에 화개장터, 쌍계사, 신흥사가 있는 골짜기가 포함된다.

**주3 七佛禪院**

쌍계사 위쪽의 선원으로 장유화상이 가락의 일곱 왕자를 출가시켜 수도했다는 곳이다. 흔히 아자방(亞字房) 선원으로 알려졌다.

**주4 政所**

정소(政所)는 여러 가지 뜻으로 해석이 가능하다.

㉠ '사람 이름'을 말한다.

ⓛ '절 일을 맡아 하는 곳'을 의미한다. [主其事者曰政] 예를 들어 학정(學政)이 있다. 일본에서는 옥로(玉露)의 발상지를 말하기도 한다.

ⓒ '이것이 바로(正所謂)', '사람들이 이르기를'을 의미한다.

정소(政所)에 관해 현재까지 나온 해석들을 망라해 설명하고 자세한 입장을 밝힌, 월간《차의 세계》2005년 2월호에서 5월호에 걸쳐 게재된 김명배의 '『동다송』 오역 시비'라는 글이 있다. 이 글에 따르면 정소는 1. '사람 이름' 2. '장소, 곧 절에서 사무나 잡무를 다루는 곳' 3. '바로 …라고 하는 것' 등으로 해석할 수 있다. 그러나 필자 자신은 『광사원』(안파문고, 1995)의 뜻대로 "정소에서 이르기를"로 해석하는 것이 옳다고 본다.

## ● 해 설

사람들이 귀중한 차를 함부로 취급하여 본래의 다성을 발휘하지 못하게 하는 것을 질타했다.

**26**

九難不犯四香全 구난불범사향전
至味可獻九重供 지미가헌구중공
翠濤綠香纔入朝 취도녹향재입조
　　주1

入朝于心君
　주2
입조우심군

茶序曰 甌泛翠濤 碾飛綠屑
　주3
다서왈 구범취도 연비녹설

又云茶以靑翠爲勝 濤以藍白爲佳

우운다이청취위승 도이람백위가

黃黑紅昏 俱不入品

황흑홍혼 구불입품

雲濤爲上 翠濤爲中 黃濤爲下
　주4　　　주5　　　주6
운도위상 취도위중 황도위하

陳麋公詩
　주7
진미공시

綺陰攢盖 靈草試奇(旂)

기음찬개 영초시기(기)

竹爐幽討 松火怒飛

죽로유토 송화노비

水交以淡 茗戰而肥

수교이담 명전이비

綠香滿路 永日忘歸

녹향만로 영일망귀


● 국역

아홉 가지 어려움 범하지 않고 네 가지 향 온전하면
그 좋은 맛 임금님께 올릴 만하다네.
취도와 녹향만이 겨우 마음에 들어서
(구중에 올릴 수 있다네.)


입조란 마음에 스며든다는 것이다. (흡족하다.)
『다보소서』에 이르기를 "사발에 푸른 물결 뜨고
연에는 녹색 가루 날린다"고 했다.
또 이르기를 "차는 푸른빛이 좋고, 탕수는 남백색이 좋다.
누르고 검고 붉고 어두운 색은 모두 품수에 들지 못한다.

눈 같은 물결이 상품이고, 푸른색이 중품이며
누런색이 하품이다."
진미공은 시에서
"고운 그늘 덮여 신령스런 풀 다투어 싹트고
죽로에 그윽이 끓여 내니 솔불 사납게 흩날리네.
물을 끓여 맑게 우리니 차 겨루기 무르익고
차 향기 가득한데 온종일 돌아갈 것 잊었다네"라 했다.

## 교주

- 다서왈(茶序曰)은 『군방보』에 다보소서(茶譜小序)로 되어 있다.
- 우운(又云)은 문장으로 보면 앞에 적은 다보소서로 보이는데 실은 장원의 『다록』에 나오는 말이다.
- 『만보전서』에는 운도(雲濤)의 '운(雲)'자가 '설(雪)'자로 되어 있다.
- 진미공의 시 원본에는 영초시기(靈草試旂)의 '기(旂)'자가 '기(奇)'자로 되어 있다.
- 송화노비(松火怒飛)의 '노(怒)'자가 『다예관본』에서는

'서(恕)'로 되어 있다.
- 명전이비(茗戰而肥)의 '이(而)'자도 원본에는 '이(以)'자로 되어 있다.

## ● 주

**주1 翠濤綠香**

차의 이름인데 여러 가지로 해석이 가능하다. 다른 이들이 쓴 자료를 인용해 보겠다.

㉠ 용운은 《월간 다도》에서 '취도와 녹향만이 겨우 진상하게 되었네'라는 표현을 '푸른 거품이 나는 차와 푸른 향기가 나는 차만이 겨우 궁중에 진상할 수 있었다'고 해석했다.

㉡ 『한국의 차』(탐구당)에 '취도와 녹향은 겨우 조회에 들어간다'는 표현이 나온다.

㉢ 윤경혁은 『차문화고전』(홍익재)에서 '비취빛 녹향 겨우 조정에 들이는데'라고 썼다.

㉣ 정영선은 『동다송』(너럭바위)에서 '취도와 녹향이 조회에 들어가자마자'라고 썼다. 또 '맛있고 향기로운 차를 마시자마자'라고도 표현했다.

㉤ 김대성은 『동다송』(동아일보사)에서 '비취빛 찻물에 피어 오르는 녹향, 마시자마자 머릿속 깊이 스며'라고 표현했다.
㉥ 여연은 '비취빛 차와 녹색의 향기는 어렵사리 조정에 보낼 수 있으리라'고 했다.
㉦ 윤병상은 '취도차와 녹향차가 비로소 조정에 들어갔네'라고 썼다.

이상에서 보면 ㉠, ㉡, ㉣, ㉦은 취도와 녹향을 차의 이름으로 보았고, ㉢은 비취빛 나는 녹향이라 하여 녹향만 차의 이름으로 보았다. ㉤은 취도를 찻물로, 녹향을 향기로 보았고, ㉥은 취도는 차 이름으로 보고, 녹향은 향기로 보았다. 차의 이름으로 취도나 녹향을 해석하는 데는 대부분 찻물의 색과 녹색의 향기라고 했는데, 녹색의 향기에는 쉽게 동의할 수 없다. 취도와 녹향이 차의 이름이든 어떻든, 좋은 품질의 차이거나 또는 그런 차에서 찾을 수 있는 색과 향이라는 데는 동조한다. 그런데 이전의 문헌에서는 취도와 녹향이라는 차의 이름도 발견할 수 없고, 차탕을 취도로 차향을 녹향으로 한 것도 찾을 수 없다.

그리고 다른 해석은 모두 '재입조(纔入朝)'를 '겨우 궁중에 들어간다' 즉 '임금께 헌상할 수 있다'로 해석했는데 ⓜ에서는 '머릿속 깊이 스며'로 해석했다. 이는 그 아래의 주(註)에서 '입조우심군(入朝于心君)'이라 한 것에 원인이 있다. '심군(心君)'이란 '마음이 일신의 주인이기 때문에 심군이라 했다[古人以心爲一身之主 故稱]'로, '재입조'는 '겨우 마음에 들다'로 해석된다.

취도와 녹향이 차 이름으로 나온 것은 없지만 귀주(貴州)지역의 차 중에 산경취아(山京翠芽), 중팔취향(中八香翠), 운무취록(雲霧翠綠), 청산취아(靑山翠芽) 등이 있고 사천(四川)지역에도 구정취아(九頂翠芽), 무봉취아(霧峰翠芽), 광산취록(匡山翠綠) 등이 있으며, 안휘(安徽)지역에도 사강취호(祠崗翠毫), 단산취운(丹山翠雲), 곽산취아(霍山翠芽), 제산취미(齊山翠眉) 등이 아직도 있는 것으로 미루어 지난날의 차 이름으로 볼 수도 있다. 단, 취도녹향(翠濤綠香)을 하나의 차로 보느냐, 혹은 취도와 녹향의 두 가지로 보느냐의 문제가 남는다. 하나의 차로 본다면 ⓒ과 ⓜ의 해석이 맞다.

주2 **入朝**

'조정에 들다' 또는 '마음에 들다'라는 뜻이다.

주3 茶序

다서(茶序)도 두 가지 해석이 가능하다.

㉠ 다서(茶書)의 오기

㉡ 다서서(茶書序)

명(明) 왕상진(王象晉)의 『군방보』 처음에 "다보소서(茶譜小序)"라 했고, 또 내용에 "잔에 푸른 물결 뜨고, 연에는 푸른 가루 날리며, 운유차가 돕지 않는다면 누가 잠을 쫓을 수 있으리[甌泛翠濤 碾飛綠屑 不藉雲腴 孰驅睡魔]"가 나온다. 따라서 '다서(茶序)'는 '다보소서(茶譜小序)'를 지칭한다.


주4 雲濤

설도(雪濤)의 오기로 본다. 눈같이 흰 물결, 곧 유화(乳華)를 뜻한다.


주5 翠濤

푸른색의 유화를 말한다.


주6 黃濤

누런색의 유화를 말한다.

주7 陳麋公

명(明)대 진계유(陳繼儒, 1558~1639)의 자(字)는 중순(仲醇)이고, 호(號)가 미공(麋公)이다. 스물아홉 살에 은둔생활에 들어가 독서와 서화를 하며 지냈다. 차를 즐겨서『다화(茶話)』,『다동보(茶董補)』를 남기고,『진미공전집(陳麋公全集)』이 전한다. 인용된 시는「시다(試茶)」이다.

● 해설

오직 좋은 차만이 우리의 마음을 울리고 인정받을 수 있다.

## 27

聰明四達無滯壅

총명사달무체옹

矧爾靈根托神山
주1

신이영근탁신선

地異山 世稱方丈

지리산 세칭방장

● 국역

총명함이 두루 통해 막힘이 없어지고

더구나 너의 신령스런 뿌리 성산에 내렸으니.

지리산은 세상에서 방장산이라 칭한다.

● 주

주1 矧

하물며 신.

주2 方丈

원래 방장산이란 봉래(蓬萊), 방장(方丈), 영주(瀛州)의 삼신산(三神山) 중 하나로 영산(靈山)을 말하는데, 우리는 지리산이 방장산이라고 믿고 그렇게 부른다. 불가에서는 『지리산지(智異山誌)』의 '대지문수사리(大智文殊師利)'에서 '지리(智利)'의 두 글자를 뽑아 지었다고 본다.

● 해설

명산 지리산에서 나는 차는 평범한 식물이 아니고, 그 효능도 크다.

## 28

仙風玉骨自另種 선풍옥골자령종
綠芽紫筍穿雲根 녹아자순천운근
胡靴犎臆皺水紋 호화봉억추수문
　　주2　주1

茶經云 生爛石者爲上 礫壤者次之

다경운 생란석자위상 역양자차지

又曰 谷中者爲上

우왈 곡중자위상

花開洞茶田 皆谷中兼爛石矣
　　　　　　　　　　　주3

화개동다전 개곡중겸란석의

茶書又言 茶紫者爲上 皺(皮)者次之 綠者次之

다서우언 다자자위상 추(피)자차지 녹자차지

如筍者爲上 似芽者次之
　　　　　　　　주4

여순자위상 사아자차지

其狀如胡人 靴者蹙縮然

기상여호인 화자축축연

如犎牛臆者 廉襜(沾)然

여봉우억자 염첨(첨)연

如輕颷拂水(衣)者 涵澹然

여경표불수(의)자 함담연

此皆茶之精腴也

차개다지정유야

● 국역

신성한 모습과 고귀한 기골은 근본부터 다르니

녹아와 자순은 바위를 뚫고 나와서

유목민 신발과 봉우의 가슴팍과 같이

물결무늬 주름이라네.

『다경』에서 이르기를

"난석토에서 자란 것이 제일 좋고

역양토에서 자란 것이 다음이며

또 골짜기에서 자란 것이 좋다"고 했다.

화개동의 차밭은 모두 골짜기에 난석토를 겸했다.

다서에 또 이르기를

"자색의 싹이 제일 좋고, 주름진 것이 다음이며,

녹색이 그 다음이다.

죽순 같은 것이 좋고, 새싹 같은 것은 그 다음이다.

그 모양이 오랑캐의 가죽신같이 쪼글쪼글한 것도 있고

들소의 가슴팍처럼 주름이 잡힌 것도 있고

가벼운 바람이 불어 수면에

잔물결이 이는 듯한 것도 있으니

이 모두가 정수(精粹)가 풍부한 차이다.

 주

주1 雲根

㉠ 깊은 산 구름이 이는 곳을 뜻한다.

**五嶽之雲觸石出者 雲之根也** 오악지운촉석출자 운지근야

오악의 구름이 돌에 닿아서 생기니까 돌을 운근이라 한다.

— 장협(張協)

㉡ 산석(山石)을 의미한다.

**掘地取雲根剖堅如剖玉** 굴지취운근부견여부옥

땅을 파 돌을 캐서 가르면 옥을 가르듯이 단단하다.

―매요신(梅堯臣)

ⓒ 도원승사(道院僧寺)를 뜻한다.

**雲根禪客居 皆說舊吾廬** 운근선객거 개설구오려

깊은 산에 선객이 살고 있으니

모두 이르기를 옛날 우리 집이라 하더라.

―당(唐) 사공도(司空圖)

주2 **胡鞾蹙臆**

㉠ 호인화자(胡人鞾者) : 호인(胡人)은 중국의 중심부[中華]를 싸고 있는 서북방의 이민족을 지칭하지만, 당(唐)대의 이야기이므로 이란이나 페르시아계의 사람들을 말한다. 화(鞾)는 혜(鞋)와 같은 뜻으로 '수놓은 여자의 가죽신'을 말하지만 여기선 '가죽신'의 뜻이다.

ⓒ 축축연(蹙縮然) : 축(蹙)은 '쭈그러들다'의 뜻이니, 축축연은 가죽이 쪼그라져 오므라들면서 작은 주름이 생긴 모양

ⓒ 봉우억자(犎牛臆者) : 봉우(犎牛)는 베트남이나 광동성, 광서성 등에서, 등에 낙타 같은 혹이 하나 돋아 있는 물가에 사는 소를 말한다. 이 뜻은 '봉우의 가슴 근육'이니, 이 근육에 주름이 져 있는 것을 떡차의 표면 형태에 비유했다.

ⓔ 염첨연(廉襜然) : '앞치마의 주름처럼'의 뜻이니, 봉우 앞 가슴 근육의 결이 진 모양이다.

ⓜ 윤균연(輪囷然) : 잔뿌리가 엉기듯 뭉게뭉게(둥글둥글) 피는 모양이다.

ⓗ 경표불수자(輕飇拂水者) : 가벼운 바람이 수면을 스치는 것이다.

ⓢ 함담연(涵澹然) : '수면이 흔들려 움직이듯'이란 뜻이니, 바람으로 작은 물결이 이는 모양이다.

주3 茶經云 生爛石者爲上 礫壤者次之
又曰 谷中者爲上 花開洞茶田 皆谷中兼爛石矣

地 上者生爛石 中者生礫壤 下者生黃土
　　참고1　　　　참고2　　　　참고3
지 상자생란석 중자생력양 하자생황토

차가 자라는 곳은 좋은 것은 난석토이고,

다음은 역양토이며, 황토에서 나는 것은 아랫길이다.

—『다경』,「일지원(一之源)」


## ● 참고

### 참고1 爛石

난석은 풍화부난지석(風化腐爛之石), 곧 사암(砂巖)이나 석회암(石灰巖) 등이 풍화작용을 일으켜 푸석푸석한 땅을 말한다. 이것은 약산성(弱酸性) 부식토(腐植土)다.

### 참고2 礫壤

역양은 난석이 더 풍화된 사질토로, 작은 자갈이 섞여 표토가 깊고 물 빠짐이 좋다.

### 참고3 黃土

황토는 거의 부식이 다 된 토질로 비에 흘러서 평지에 쌓여, 일반 농작물의 재배에 좋다. 점성(黏性)이 많아서 다른 쪽으로 이용되기도 한다.

주4 茶紫者爲上 皺(皮)者次之 綠者次之
如筍者爲上 似芽者次之


陽崖陰林[11] 紫者上 綠者次 양애음림 자자상 녹자차

笋者上 牙者次 葉卷上 葉舒次 순자상 아자차 엽권상 엽서차

볕이 잘 드는 비탈에 나무 그늘이 가린 곳에서 나는

자색의 것이 좋고 녹색은 다음이며

죽순 모양이 좋고 싹은 다음이며

잎이 말린 것이 좋고 퍼진 것은 그 다음이다.

— 『다경』, 「일지원」


茶宜高山之陰 而喜日陽之早 다의고산지음 이희일양지조

차는 높은 산의 그늘이 드리워진 곳이 좋고

아침에 해가 빨리 비치는 것을 좋아한다.

— 『동계시다록서(東溪試茶錄序)』


植産之地 崖必陽 圃必陰 식산지지 애필양 포필음

---

11) 반양반음(半陽半陰)의 야생 차밭을 말한다.

蓋石之性寒 其葉抑以瘠 개석지성한 기엽억이척

其味疏以薄 必資陽和以發之 기미소이박 필자양화이발지

土之性敷 其葉疏以暴 其味强以肆

토지성부 기엽소이폭 기미강이사

必資陰蔭以節之 필자음음이절지

今圃家 皆植木以資茶之陰

금포가 개식목이자다지음

陰陽相濟 則茶之滋長得其宜

음양상제 칙다지자장득기의

차가 생산되는 곳은 양지바른 언덕에 그늘진 밭이어야 한다.

대개 돌의 성질이 차기 때문에 그 잎을 억제해서 수척하게 하고

그 맛을 엷게 해서 성글게 하니

반드시 볕을 제공하여 조화롭게 피어나도록 해야 한다.

땅의 성질은 부풀게 하는 것이니

그 잎이 거칠고 엷어서 맛이 강하고 지나치니

반드시 그늘을 제공하여 절제시켜야 한다.

지금 농가에도 차나무에는 모두 그늘을 제공한다.

그늘과 볕이 서로 도와야 차가 잘 자라는 조건을 얻는 것이다.

―『대관다론』

年年茶樹長新枝 陰養編籬謹護持

연년다수장신지 음양편리근호지

해마다 차나무 새 가지 자라니, 높은 울타리 둘러 애써 보호한다네.

—김시습(金時習)


자순권(紫笋卷)은 테아닌이 많고 탄닌이 적으며

녹아서(綠芽舒)는 테아닌이 적고 탄닌이 많다.


湖州有顧渚紫笋 常州有義興紫笋

호주유고저자순 상주유의흥자순

호주에는 고저자순이 있고, 상주에는 의흥자순이 있다네.

—『국사보(國史補)』


堯市人稀紫荀多 紫荀青芽誰得識

요시인희자순다 자순청아수득식

요시의 사람들도 자순이 많은 것을 알지 못하니,

푸른 자순의 싹 누가 알아줄거나.

—교연(皎然)

紫笋抽出旗槍間 자순추출기창간

자순이 기와 창 사이에서 돋아난다네.

―김시습,「작설(雀舌)」

『다경』의 「삼지조(三之造)」 부분과 『다록』의 「채다」 부분을 비교해 보면, 초의가 여기서 착각하여 모두 찻잎을 묘사한 것으로 노래하고 있다. 하지만 『다경』에서 이 부분과 관계있는 곳은 「일지원(一之源)」과 「삼지조」이고, 『다록』은 「채다」 부분이다.

仙風玉骨自另種 선풍옥골자령종
綠芽紫筍穿雲根 녹아자순천운근
胡靴犎臆皺水紋 호화봉억추수문

茶經云 生爛石者爲上 礫壤者次之
다경운 생란석자위상 역양자차지

又曰 谷中者爲上 우왈 곡중자위상

花開洞茶田 皆谷中兼爛石矣 화개동다전 개곡중겸란석의

茶書又言 茶紫者爲上 皺(皮)者次之 綠者次之

다서우언 다자자위상 피(피)자차지 녹자차지

如筍者爲上 似芽者次之

여순자위상 사아자차지

— 『다경』, 「삼지조(三之造)」


其狀如胡人 鞾者蹙縮然 기상여호인 화자축축연

如犎牛臆者 廉襜(沾)然 여봉우억자 염첨(첨)연

如輕飈拂水(衣)者 涵澹然 여경표불수(의)자 함담연

此皆茶之精腴也 차개다지정유야

— 『다록』, 「채다」


송(頌)의 앞 구절을 보면 '녹아자순(綠芽紫筍)'은 찻잎[茶葉]을 묘사한 것이고, 뒷 구절 '호화봉억(胡鞾犎臆)'은 완성된 떡차의 모양을 표현한 것이다. 이것은 구절을 각각 떼어놓고 해석하면 앞에서는 찻잎을, 뒤에서는 완성차를 노래했다고 볼 수 있다. 그렇다면 초의가 인용한 글이 분리되어 잎 따로 완성차 따로 되어야 한다. 다시 말해 '녹아자순천운근(綠芽紫筍穿雲根)' 다음에 '다경운(茶經云)'에서 '사아자차지(似芽者次之)'까지 따로따로 나누어 인용해야 하는데, 한꺼번에 붙여서 한 것은 모두 찻잎에 관한 것으로 보았기 때문이라 하겠다. 초의는 이것이 모두 찻잎에 관한 것이라 생각했던 듯하다.

여기에 관해서는 혹 후대의 사람들이 필사(筆寫)하는 과정에서 분리시키지 않고 합한 것이 아닌가도 생각하여 서지적(書誌的)으로 접근해 보아도 현재 전하는 『석경각본』, 『한국불교전서본』, 『송광사본』 등의 판본과 초의문화제집행위원회에서 간행한 『초의전집』에서까지 모두 찻잎과 완성차 부분을 분리하지 않은 것으로 보아, 초의 자신이 지금 전하는 대로 쓴 것으로 보인다. 그러면 초의가 왜 이런 착각을 했을까? 그 원인은 크게 두 가지로 볼 수 있다.

첫째, 『다경』에서 초의가 여기에 인용한 부분이 「삼지조」인데 그 끝에 나오는 '차다여초목엽일야(此茶與草木葉一也)'의 구절 중 '엽(葉)'자에 원인이 있다고 본다. 언뜻 보면 이 구절의 앞부분 전체가 찻잎에 관한 설명처럼 보이기 때문이다.

或以光黑平正 言嘉者 斯鑒之下也

혹이광흑평정 언가자 사감지하야

以皺黃坳垤言嘉者 鑒之次也 이추황요질언가자 감지차야

若皆言嘉及皆言不嘉者 鑒之上也

약개언가급개언불가자 감지상야

何者 出膏者光 含膏者皺

하자 출고자광 함고자추

宿製者則黑 日成者則黃 蒸壓則平正

숙제자즉흑 일성자즉황 증압즉평정

縱之則坳垤 此茶與草木葉一也

종지즉요질 차다여초목엽일야

혹 차의 표면이 번들거리고 검은색에 요철이 없이 평평한 것을

좋은 차라고 말하는 사람은 차를 감별하는 수준이 낮다.

표면이 주름지고 고르지 않아 울퉁불퉁하고 누런색이면

좋은 차라고 하는 이는 감별력이 그 다음이다.

(위에 말한) 모두를 좋다고 하거나

모두를 좋지 않다고 말하는 이는 상급의 감정가이다.

무엇 때문이냐 하면 기름[膏]이 밖으로 나오면 번들거리고

고가 안에 남아 있으면 울퉁불퉁 주름이 지며

밤을 지나고 (찻잎을 채취한 후 시간을 늦잡아) 만든 것은 색이 검고

당일로 만든 차는 색이 누렇다.

찻잎을 찐 후에 강하게 누르면 겉이 평평하고
느슨하게 누르면 울퉁불퉁해지니
이는 차와 더불어 모든 초목의 잎은 같다.

— 『다경』, 「삼지조」

둘째, 우선 이 부분에서 본문 세 구절이 모두 찻잎을 묘사했다는 주장에 대한 이론은 거의 없었다. 따라서 그 다음에 붙인 주(註)도 찻잎에 관한 설명이라는 데 아무도 반론을 제기하지 않았다. 그런데 주(註) 부분에 나오는 "우왈(又曰)"은 문장으로 보면 『다경』을 의미한다. 하지만 『다경』에는 "곡중자위상(谷中者爲上)"이라는 말이 나오지 않는다. 그래서 많은 이들이 이는 그 뒤에 나오는 "다서(茶書)"에 넣을 말이 잘못 들어갔다고 본다. "곡중자위상"이라는 구절은 『만보전서』에 실린 『다록』에 나오는 말이고, 여기서 다서는 초의가 전사(傳寫)한 『다록』을 말한다고 보기 때문이다. 『다록』의 원문을 살펴보자.

茶芽(非)紫者爲上 面(而)皺者次之

다아(비)자자위상 면(이)추자차지

團葉又(者)次之 光面如篠葉者最下
단엽우(자)차지 광면여소엽자최하

撤夜無雲 浥露採者爲上 철야무운 읍로채자위상

日中採者次之 陰雨中(下)不宜採
일중채자차지 음우중(하)불의채

産谷中者爲上 竹(林)下者次之
산곡중자위상 죽(임)하자차지

爛石中者又次之 黃砂中者 又次之
난석중자우차지 황사중자 우차지

차싹은 자색이 좋고 잎의 면이 주름진 것은 그 다음이며

둥근 것은 또 그 다음이고

잎면이 말라서 댓잎 같은 것은 제일 아랫길이다.

밤새 맑고 구름이 없어 이슬에 젖은 것을 딴 것이 좋고

햇빛에 딴 것은 그 다음이며

구름이 많거나 비가 오면 따지 않는다.

골짜기에서 나는 것이 좋고 대나무 아래가 다음이며

난석 중에서 나는 것은 또 그 다음이고

황사토에서 나는 것은 또 그 다음이다.

―『다록』,「채다(採茶)」

초의가 인용한 "녹자차지 여순자위상 사아자차지(綠者次之 如筍者爲上 似芽者次之)"는 『다록』에 없고 『다경』에 나오는 말이다.

**其地 上者生爛石 中者生礫壤 下者生黃土**
기지 상자생란석 중자생력양 하자생황토

**野者上 園者次 陽崖陰林 紫者上 綠者次**
야자상 원자차 양애음림 자자상 녹자차

**笋者上 芽者次 葉卷上 葉舒次**
순자상 아자차 엽권상 엽서차

—『다경』,「일지원」

이로 본다면 초의는 『다록』과 『다경』에 나오는 말들의 뜻을 혼동하여 기록한 것으로 볼 수 있다. 그래서 『다록』의 "다자자위상 추(피)자차지 녹자차지(茶紫者爲上 皺[皮]者次之 綠者次之)"에서부터 혼동하고, 또 『다록』에서는 "추(피)자차지(皺[皮]者次之)"가 잎을 묘사한 것인데, 『다경』에 나오는 "다유천만상 노망이언 여호인화자 축축연 봉우억자 염첨연 부운출산자 윤균연 경표불수자 함담연(茶有千萬狀 鹵莽而言

如胡人鞾者 蹙縮然 犎牛臆者 廉襜然 浮雲出山者 輪囷然 輕飇拂水者 涵澹然)"이라는 완성차 부분을 혼동하여 쓴 것이라 할 수 있다.

초의는 이어서 적은 주(註)에서도 찻잎 부분과 완성차 부분을 혼동했을 것이다. 만약 "기상여호인화자축축연 여봉우억자 염첨(첨)연 여경표불수(의)자 함담연(其狀如胡人鞾者蹙縮然 如犎牛臆者 廉襜(沾)然 如輕飇拂水(衣)者 涵澹然)"이라는 구절이 『다록』의 「채다」 부분에 나온다면 『다경』과는 내용이 다르더라도 초의의 착각으로 볼 수 없으나, 이 구절은 『다경』에만 나오고 또 그것이 완성차를 설명하고 있으니 더더욱 논의할 여지가 없다.

또 초의가 이 대목을 위해 『다경』 부분에서 인용한 것은 모두 찻잎에 관한 것이었다. 따라서 논리적으로 보면 완성된 차에 관한 이야기는 당연히 찻잎과 분리되어 나와야 하는데, 그렇지 않았다. 앞 구절은 찻잎을 노래하고 뒷 구절은 떡차를 노래했다고 볼 수도 있지만 타당성이 떨어진다. 왜냐하면 『동다송』 전체가 송(頌)과 주(註)를 의미에 맞게 따로 분리하여 쓴 것인데 이 부분만 특별히 분리하지 않았다고 볼 수 없기 때문이다.

이제까지 나온 『동다송』에 관한 글 중에서 필자가 확인한 것은 김대성이 쓴 『동다송』(동아일보사)의 175쪽에 "『다경』「삼지조」에 있는 것으로 떡차의 모양을 비유한 것이나 여기서는 찻잎의 생김새를 설명한 점이 다르다"라고 한 것이다. 이외에 다른 기록은 아직 보지 못했다. 그러나 『동다송』의 이 부분을 해석한 많은 분들이 김대성의 이론처럼 찻잎을 묘사한 것이라는 데 이견이 없었고, 『다경』을 해석한 국내외의 많은 학자들도 『다경』의 그 부분이 완성차에 관한 것이라는 데는 이견이 없었다.

그렇다면 지금의 많은 학자들이 잘못 해석했다고 보기는 어렵고, 초의가 이 부분에서 착각하여 인용한 것으로 볼 수밖에 없다. 이 부분에 관한 여러 해석들을 살펴보자.

㉠ 찻잎의 생김새가 오랑캐의 신발같이 쭈그러졌거나
들소의 가슴팍같이 가지런하게 늘어졌거나 가벼운
바람이 물결을 일으켜 맑게 파도 치듯 한 것은
모두 차의 정품이다.

—용운, 《월간 다도》 '동다송' 26송, 74쪽

ⓛ 다경에 이르기를 "초록빛 잎이 버금가며

죽순 같은 것이 으뜸이요 새싹 같은 것이 버금간다.

그 모양은 서역 오랑캐의 신발 같은 것이 찌푸려지고

오그라든 듯하다."

— 김명배, 『한국의 다서』(탐구당) 109쪽

ⓒ '차싹은 자줏빛 나는 것이 상등품이고

주름진 것이 그 다음이다'라고 했다.

녹색의 싹은 그 다음이다.

죽순같이 생긴 것을 으뜸으로 치고

상아같이 생긴 것을 다음으로 친다'고 했다.

또한 '그 생긴 모양이 호인의 신발처럼'등은

모두 차의 정기가 있는 좋은 맛을 낸다.

— 정영선, 『동다송』(너럭바위) 71쪽

이상은 모두 『동다송』에 나오는 이 부분을 찻잎[茶葉]에 관한 설명으로 해석하고 있다. 억지로 견강부회(牽强附會)한다고 해도 『다경』의 뜻과는 틀리다. 그러니 일단 이 부분은 오류로 볼 수밖에 없다.

## 출전

- 『다경』「일지원」 및 「삼지조」
- 『다록』「채다」

## 29

吸盡瀼瀼清夜露 흡진양양청야로
三昧手中上奇芬 삼매수중상기분

茶書云 採茶之候貴及時
다서운 채다지후귀급시

太早則香不全 遲則神散
태조즉향부전 지즉신산

以穀雨前五日爲上 後五日次之
이곡우전오일위상 후오일차지

後五日又次之
후오일우차지

然驗之東茶 穀雨前後太早
연험지동다 곡우전후태조

當以立夏(前)後 爲及時也
당이입하(전)후 위급시야

其採法 徹夜無雲浥露採者爲上
기채법 철야무운읍로채자위상

日中採者次之 陰雨下不宜採

일중채자차지 음우하불의채

老坡送謙師詩曰
주5

노파송겸사시왈

道人曉出南屛山

도인효출남병산

來試點茶三昧手

내시점다삼매수

● 국역

지난 밤 맑은 이슬 흠뻑 머금은 (잎)

삼매의 솜씨 속에 기이한 향내 풍기네.

다서에서 이르기를

"차를 채취하는 것은 그 시기를 맞추는 것이 중요하다.

너무 이르면 향이 온전하지 못하고

늦으면 다신이 흩어진다.

곡우 전 닷새가 가장 좋고 곡우 후 닷새가 다음이며

그 다음 닷새는 또 그 다음이다"라 했다.

그래서 내가 우리 차를 체험해 보니

곡우 전후는 너무 이르고 당연히 입하 (전)후가 맞은 때다.

그 따는 법은 밤새 구름 없이 갠 날

밤이슬에 젖은 잎을 딴 것이 좋고

햇빛 아래 딴 것이 그 다음이니

흐리거나 비가 올 때는 따지 않는 것이 당연하다.

소동파가 겸 스님을 보내며 쓴 시에

"도인이 새벽에 남병산에서 나와

삼매의 솜씨로 차를 달였다네"라 했다.

## 고주

- 향불전(香不全)은 『석오본』에는 향불전(香不全)으로 『다예관본』에는 다불전(茶不全)으로 되어 있으나 『만보전서』에는 미불전(味不全)으로 되어 있다.
- 후오일차지(後五日次之)의 후(後)가 『다예관본』과 『석오본』에는 모두 삼수변(氵)으로 되어 있으나 『다록』에는 두인변(彳)이다.

- 당이입하후(當以立夏後)는 『다예관본』에 입하후(立夏後)로 되었으나 『석오본』에는 입하전후(立夏前後)로 되어 있다.
- 채법(採法)은 『다예관본』에 없는 글자이다.

## 주

**주1** 瀼瀼

이슬에 젖은 모양을 나타내거나, 이슬이 흐를 정도로 많은 것을 의미한다.

**주2** 茶書

『다록』, 곧 『다신전』의 채다론에 나온다.

**주3** 穀雨

청명(淸明)과 입하(立夏) 사이의 절후 이름으로 양력 4월 20일, 21일 사이다.

주4 **立夏**

곡우와 소만(小滿) 사이의 절후 이름으로 양력 5월 5일, 6일 사이다.

주5 **老坡**

나이 든 소동파, 즉 노년의 소식을 말한다.

## 30

中有玄微妙難顯 중유현미묘난현
眞精莫敎體神分 진정막교체신분
<sub>주1</sub> <sub>주2</sub>

造茶篇云 新採 揀(東)去老葉 熱鍋焙之
<sub>주3</sub>
조다편운 신채 간(간)거노엽 열과배지

候鍋極熱 始下茶急炒 火不可緩

후과극열 시하다급초 화불가완

待熱(熟)方退 撤入筵中 輕團挪數遍

대열(숙)방퇴 철입사중 경단나수편

復下鍋中 漸漸減火 焙乾爲度
<sub>주4</sub>
복하과중 점점감화 배건위도

中有玄微 難以言顯

중유현미 난이언현

泉品云 茶者水之神(精) 水者茶之體
<sub>주5</sub>
천품운 다자수지신(정) 수자다지체

非眞水 莫顯其神 非眞茶 莫窺其體

비진수 막현기신 비진다 막규기체

● 국역

그중에 현묘함 있으나

그것 드러내게 하기는 정말 어려우니

차의 진정한 정기는 체와 신을 나누지 않고

조화시켜야 하네.


『다록』의「조다편」에 이르기를

새로 딴 찻잎에서 쇠한 것은 골라 버리고

뜨거운 솥에서 말려야 한다.

솥이 아주 달아올랐을 때 찻잎을 넣고 빨리 덖어내야 한다.

(이때) 불을 늦추면 안 되고

익었으면 급히 꺼내 체에 넣어 가볍게 돌리고 비벼서

다시 솥에 넣고 점점 불을 낮추어 차를 말리는 것이 법도다.

(말리는 것은 정도에 맞아야 한다.)

그중에 깊고 미묘함 있으나

그것을 말로 표현해서 나타나게 하기는 정말 어렵다.

『다록』의「품천」에 이르기를

"차는 물의 신(神)이 되고 물은 차의 몸체가 된다.

참 좋은 물이 아니면 차의 신을 나타낼 수 없고

참다운 차가 아니면

그 체(색 · 향 · 기 · 미가 잘 표현된 몸체)를

볼 수가 없다"고 했다.

## 🟢 교주

- 급초(急炒)의 '초(炒)'자가 『다예관본』에는 '묘(妙)'자로 되어 있다.
- 대숙방퇴(待熟方退)의 '숙(熟)'자가 『만보전서』에는 '열(熱)'자로 되었고, 『다록』에는 끝에 '화'자도 붙어 있다.
- 비진다(非眞茶)는 『석오본』에는 비정다(非精茶), 『다예관본』에는 진다(眞茶)로 되어 있다.

## 🟢 주

주1 *玄微妙*

'심오(深奧)하고 미묘한 것'이나 또는 그러한 도리(道理)를 말한다.

**漸通玄妙理 深得坐忘心** 점통현묘리 심득좌망심

점차 현묘한 이치에 이르러 깊이 좌망의 마음을 얻었다네.

― 맹호연(孟浩然)

주2 **體神**

여기서 체(體)는 다신(茶神)이 표현되는 형태, 곧 몸체를 말하고 신(神)은 차가 가진 바탕인 색(色)·향(香)·기(氣)·미(味)를 말한다. 즉, 좋은 차라도 좋은 물을 만나야만 그의 색·향·기·미를 유감없이 표출하여 제대로 된 다탕이 만들어진다.

주3 **造茶篇**

『다록』의 「조다편」을 말한다.

주4 **焙乾爲度**

㉠ 덖어 말리는 법도이다.
㉡ 덖어서 말리는 것은 정도에 알맞게 한다.

주5 **泉品**

『다록』의 「품천(品泉)」을 말한다.

## ● 참고

다신(茶神)을 바라보는 여러 가지 견해를 조사해 보았다.

㉠ 김명배, 윤경혁은 다신을 '신기(神氣)'로 바라보았다. 『국어대사전』(민중서관)에서 살펴본 신기의 뜻은 다음과 같다. ① 만물을 만들어내는 원기 ② 신비롭고 불가사의한 운기(雲氣) ③ 정신과 기운

㉡ 정영선은 '정신'으로 생각했다.

㉢ 김대성은 《월간 다도》를 통해 "마음, 정신. 즉, 뜻을 의미한다. 여기에서는 차 속에 들어 있는 정신을 말하는 것으로 '차의 기운'을 뜻한다. 물속에 녹아들어 있는 성분을 말한다"고 했다.

㉣ 강우석은 "진다(眞茶), 진수(眞水), 화후(火候)로 이루어진 차의 삼묘(三妙) 또는 삼기(三奇)를 말한다. 중국에서는 육우를 다신으로 추앙한다"고 했다.

㉤ 윤병상은 '차의 싱그러움'으로 해석했다.

㉥ 정민은 '차의 신', 즉 차를 의인화하고 신격화했다.

이상의 여러 이론들을 보면 제일 많은 견해가 바로 '정신' (ⓛ, ⓒ)이다. ㉠도 사전의 세 번째 뜻으로 보면 정신이다. ⓒ 에서 드러나는 '물속에 녹아 있는 성분'이라는 부분은 이해 가 쉽게 되지 않는다. 그리고 '차의 신', 곧 의인화하여 '다 신'이라 한 것은 『다신전』이라는 글의 제목을 설명할 수는 있 으나, 우리가 '다신이 나타난다'고 할 때는 어울리지 않는 뜻 이다.

즉 "다자수지신 수자다지체 비진수 막현기신 비정다 막규기 체(茶者水之神 水者茶之體 非眞水 莫顯其神 非精茶 莫窺其 體)"는 '차는 물이란 형태를 빌려서 신(神)을 나타내고, 물은 차를 우려내므로 차에게 체(體)를 제공하여 다탕의 모습을 보인다. 이때 좋은 물이 아니면 차의 신(神)을 나타낼 수 없 고, 좋은 차가 아니면 제대로 잘 우려진 차의 체(體)를 만날 수 없다'는 뜻을 나타낸다.

여기서 신(神)이란 '차가 가지고 있는 가장 좋은 것들', 곧 색·향·기·미를 통틀어 표현한 말이다. 차가 좋은 물을 만 나야 제대로 자신이 가진 아름다운 특성(색·향·기·미)을 다 표현할 수 있고, 물도 좋은 차를 만나야 제대로 된 다탕이 된다. 이를 달리 해석해 보면 '차가 좋은 물을 만나야 차의 정신이 나타난'고 했을 때, 차의 정신은 무엇이고 어떻게 나타나는지가 확실치 않다. 다시 말하면 여기서는 차를 좋은 물에 잘 우리면 차에 담긴 좋은 것들이 아름답게 표출되어 좋은 차가 된다는 말이다. 우리가 우린 차를 보고 좋은 것을 알 수 있음은 바로 그 색·향·기·미를 통해서가 아니고 무엇인가?

한 걸음 더 나아가 그것을 의인화했다고 보는 것은 부수적인 이중적 효과로 볼 수는 있다. 그러나 주된 내용은 색·향·기·미, 즉 차가 가지고 있는 참다운 것들을 말하고 있다.

## 해설

좋은 차가 좋은 물을 만나야 차가 본래 가진 색·향·기·미를 제대로 발휘할 수 있다. 이때 중요한 것은 차와 물, 곧 체와 신이 별개의 것이 아니고 나눌 수 없는 둘, 즉 완전한 융화의 상태가 되어야 한다. 그래야 차가 가진 현묘한 세계를 맛볼 수 있다.

### 31

體神雖全猶恐過中正 체신수전유공과중정
中正不過健靈併 중정불과건령병
　　　　　주1

泡法云 探湯純熟 便取起 先注壺中小許
포법운 탐탕순숙 편취기 선주호중소허

湯祛冷氣傾出 然後投茶葉
탕거냉기경출 연후투다엽

多寡宜酌 不可過中失正(正失)
다과의작 불가과중실정(정실)

茶重則味苦香沉 水勝則味(氣)寡色淸
다중즉미고향침 수승즉미(기)과색청

兩壺後 又冷水蕩滌 使(便)壺涼潔
양호후 우냉수탕척 사(편)호량결

不(否)則減茶香 盖罐熟(熱)則 茶神不健
부(부)즉감다향 개관숙(열)즉 다신불건

壺淸則水性常(當)靈 稍俟茶水沖和 然後分釃布飮
호청즉수성상(당)령 초사다수충화 연후분시포음

釃不宜早 早則茶神不發

시불의조 조즉다신불발

飮不宜遲 遲則妙馥先消

음불의지 지즉묘복선소

評曰 采盡其妙 造盡其精 水得其眞 泡得其中

평왈 채진기묘 조진기정 수득기진 포득기중

體與神相和 健與靈相併 至此而茶道盡矣
주2

체여신상화 건여령상병 지차이다도진의


## 국역

비록 체와 신이 온전해도 중정을 지나칠까 두렵다네.

중정만 지나치지 않으면 건과 영을 같이할 수 있다네.


『다록』의 포법에 이르기를

"탕이 순숙에 이르렀는가를 살펴 곧 내려서

먼저 다관에 조금 부어 냉기를 없앤 다음

쏟아버리고 차를 넣는다.

차의 많고 적음은 잔 수에 맞게 하여 중정을 잃지 않게 한다.

차가 많으면 맛이 쓰고 향기가 적으며

물이 많으면 맛은 모자라고 색이 맑다.

두 번 우린 다관은 냉수로 깨끗이 씻어서 청결히 해야 한다.

그렇지 않으면 차향이 감소하고

다관이 너무 뜨거우면 다신이 좋게 나타나지 못한다.

다호가 깨끗하면 수성이 언제나 신령스럽다.

차와 물이 잘 섞여 어울릴 때까지 조금 기다렸다가

술 거르듯 베에 걸러 나누어 마신다.

너무 빨리 거르는 것은 좋지 않다.

그러면 다신이 피어나지 못한다.

너무 늦게 마시는 것도 좋지 않으니

늦으면 미묘한 향이 빨리 사라진다"고 했다.

이를 평하면 "차를 딸 때 그 현묘함을 다하고

만들 때 온 정성을 다하고 물은 좋은 것이어야 하고

우릴 때는 중정을 얻어야 체와 신이 서로 조화롭고

건과 영이 서로 함께하게 되니

여기에 이르면 다도는 다 이룬 것이다."

## ● 주

### 주1 健靈

건령(健靈)에 대한 해석들을 모아보았다.

㉠ 김명배, 용운은 건실함과 신령스러움으로 보았다.

㉡ 김대성은 차[靈]와 물[健]을 의미한다고 보았다.

㉢ 대부분 그냥 건(健)과 영(靈)으로 해석한다.

㉣ 윤병상은 차의 빛깔[健]과 간[靈]에 따라 해석한다.

건(健)과 영(靈)에 대해서도 각각 살펴보자.

건은 강력, 용맹, 건강, 고강 등의 뜻으로 쓰이는데, 여기서는 색·향·기·미가 제대로 잘 나타난, 그래서 곧 사라지지 않고 넘쳐흐르는 좋은 상태를 건(健)으로 표현했다.

영은 신령, 천제(天帝), 혼령, 정신이나 감정, 영기(靈氣), 신기, 영험 등 다양한 뜻을 가졌다. 좋은 물로 좋은 차를 정성껏 달여서 차가 가진 아름다운 색·향·기·미가 유감없이 잘 표출되면 우리가 오감으로 느끼는 이상의 것을 얻을 수 있으니, 그것이 바로 영(靈)이다.

그러니 건과 영이 함께하면 차에 대한 모든 것은 다 이루어지는 것이다. 이렇게 보면 ㉠의 견해와 거의 일치한다.

兩壺後 又冷水蕩滌 使(便)壺涼潔

양호후 우냉수탕척 사(편)호량결

一壺之茶 只堪再巡 일호지다 지감재순

初巡鮮美 再則甘醇 三巡意欲盡矣

초순선미 재즉감순 삼순의욕진의

余嘗與馮開之 戲論茶候 여상여풍개지 희론다후

以初巡爲婷婷嫋嫋十三餘 이초순위정정요요십삼여

再巡爲碧玉破瓜年 三巡以來 재순위벽옥파과년 삼순이래

綠葉成陰矣 開之大以爲然 녹엽성음의 개지대이위연

所以茶注欲小 小則再巡已終 소이다주욕소 소즉재순이종

寧使餘芬剩馥 尚留葉中 영사여분잉복 상류엽중

猶堪飯後供啜漱之用 未遂棄之可也

유감반후공철수지용 미수기지가야

한 병의 차는 두 번 정도를 우려 돌리는 것이 적당하다.

처음은 신선하여 좋고 두 번째는 달고 순하며

세 번째는 마실 생각이 다한다.

내가 일찍이 풍개지와 차 살핌에 관해 우스개를 했는데

첫 순배의 차는 하늘거리는 아리땁고 예쁜 열세 살 소녀와 같고

두 순배 째는 푸른 옥 깨뜨리는 열여섯 살의 여인이고[12]

세 순배 째는 푸른 잎 그늘지는 이십대 중반의 여인이라니까

개지가 크게 동의했다.

대개 차를 조금 마시고 싶으면 두 순배로 마치고

차라리 아직 잎에 남아 있는 향기는 밥을 먹고 난 후에

입가심용으로 쓰기 위해 버리지 않는 것이 좋다.

— 『다소』, 「음철(飮啜)」

## 주2 茶道盡矣

다도(茶道)는 여러 가지 개념을 가졌다.

㉠ 찻잎을 따서 차를 만들어 보관하고, 물에 끓여 마시는 모든 과정을 총칭한다.

㉡ 차를 손님에게 대접하고, 마실 때의 절차와 예절을 총칭한다.

㉢ 차를 마시는 일과 관련된 다사(茶事)를 통해서 심신을 닦는다.

---

12) 손작(孫綽)의 벽옥파과시 즉위정전도(碧玉破瓜時 卽爲情顚倒).

여기서의 다도진의(茶道盡矣)는 개념 ㉠이 이상적으로 이루어졌다는 말이다.

## 참고

### 체용론(體用論)

차나 물이 본래부터 가지고 있는 항적체(恒寂體)[불성(佛性) 곧 진여(眞如)]처럼 변하지 않는 본체를 체(體)라고 보면 이는 언제나 공(空)의 상태로 유일불이(唯一不二)한 것이다. 그런데 우리가 차를 만들어 끓이고 마시며 느끼는 것은 때와 장소 혹은 사람에 따라 여러 가지로 다르게 표출된다. 이것이 바로 용(用)이다. 미술품이 놓이는 위치, 시간(시대), 감상자에 따라 그 자체[體]는 변함이 없는데도 다르게 느껴지는 것[用]도 바로 그렇다.

"무릇 상을 가진 모든 것은 허망한 것이니, 만약 제상을 진실한 상이 아니라고 볼 수 있으면 곧 여래를 보리라[凡所有相 皆是虛妄 若見諸相非相 卽見如來 平常心是道 卽心是佛]"는 바로 마조(馬祖)가 말한 "생각도 없고 해야 하는 것도 없으며, 수행도 없고 증오도 없다[無念無作 非修非證]"는 상태로

'마음으로 근본을 깨달아 안으로 얻은 바 없고 밖으로 구하는 바 없어야 한다'는 조사선(祖師禪)의 바탕이다. 소심(素心)으로 돌아가 좋은 차와 물이 만나서 잘 우려진 차를 마신다는 것은 바로 이런 경지를 말한다. 따라서 여기서 초의가 강조한 것은 중정(中正)이다. 그래야 차와 물, 그리고 사람이 혼연일체가 되어 현묘한 경지에 이를 수 있는 것이다.

## 32

一傾玉花風生腋 일경옥화풍생액
身輕已涉上淸境 신경이섭상청경
　주2　　　주3

陳簡齋茶詩 진간재다시
　　　주4
嘗此玉花勻(句) 상차옥화균(내)

盧玉川茶歌 노옥천다가
　　　　주5
唯覺兩腋習習生淸風 유각양액습습생청풍
　　　　　주6

### 🟢 국역

옥화 한 잔 기울이면 겨드랑이에 바람 일어
몸은 이미 가벼워 선계에 올라 있네.

진간재(진여의)의 다시에
"향기로운 옥화차 향내 맛보네"라 했고
노동의 차 노래에 "두 겨드랑이에
청풍이 솔솔 부는 것을 느낄 수 있다네"라고 했다.

● 교주

● 균(勻)자는 『석오본』에 균(勻)자로 되어 있고 『다예관본』에는 향내 내(匂)자로 되어 있다. 의미상 균(勻)자를 따른다.

● 주

주1 玉花

일명 옥화(玉華). 송(宋) 선화(宣和) 3년에 건구(建甌)의 북원공다원(北苑貢茶園)에서 만든 은모(銀模) 은권(銀圈)으로 길이는 일촌오분(一寸五分, 약 4.5센티미터)이다. 표면에 용문(龍紋)이 있고 세색제삼강(細色第三綱) 제삼비(第三批) 차(茶)이다.

주2 身輕

차를 많이 마시면 몸이 가벼워져서 신선이 되어 날아간다.

苦茶輕身換骨 昔丹丘子黃山君服之
고다경신환골 석단구자황산군복지
쓴 차는 몸을 가볍게 하고 몸체를 바꾸어 놓으며

옛날 단구자와 황산군도 마셨다.

―도홍경(陶弘景), 『잡록(雜錄)』

**苦茶久食羽化** 고다구식우화

쓴 차를 오래 마시면 신선이 된다.

―호거사(壺居士), 『식기(食忌)』

주3 **上淸境**

도가(道家)에서 말하는 삼청경(三淸境)의 하나다.

**其三淸境者 玉淸 上淸 太淸是也**

기삼청경자 옥청 상청 태청시야

…

**靈寶君治在上淸境 卽禹餘天也**

영보군치재상청경 즉우여천야

그 삼청경은 옥청, 상청, 태청이다.

…

영보군이 삼청경을 다스리는데, 곧 우여천이 그것이다.

―『운급칠첨(雲笈七籤)』

주4 陳簡齋

남송(南宋)대의 시인 진여의(陳與義, 1090~1138)는 호(號)가 간재(簡齋), 자(字)는 거비(去非)였다. 하남성 낙양 사람으로 태학박사(太學博士), 참지정사(參知政事)를 지냈으며, 두보의 시풍을 따르고 소식, 황정견, 진사도(陳師道) 등과 강서시파(江西詩派)에 속했다. 저서로 『간재집(簡齋集)』, 『무주사(無住詞)』가 전한다.


주5 盧玉川茶歌

노동이 지은 「주필사맹간의신다(走筆謝孟諫議新茶)」라는 시를 말한다.


日高丈五睡正濃 일고장오수정농
軍將扣門驚周公 군장구문경주공
口傳諫議送書信 구전간의송서신
白絹斜封三道印 백견사봉삼도인
開緘宛見諫議面 개함완현간의면
手閱月團三百片 수열월단삼백편
聞道新年入山裏 문도신년입산리

蟄蟲驚動春風起 칩충경동춘풍기
天子未嘗陽羨茶 천자미상양선차
百草不敢先開花 백초불감선개화
仁風暗結珠蓓蕾 인풍암결주배뢰
先春抽出黃金芽 선춘추출황금아
摘鮮焙芳旋封裹 적선배방선봉과
至精至好且不奢 지정지호차불사
至尊之餘合王公 지존지여합왕공
何事便到山人家 하사편도산인가
柴門反關無俗客 시문반관무속객
紗帽籠頭自煎喫 사모농두자전끽
碧雲引風吹不斷 벽운인풍취부단
白花浮光凝碗面 백화부광응완면
一碗喉吻潤 일완후문윤
兩碗破孤悶 양완파고민
三碗搜枯腸 삼완수고장
惟有文字五千卷 유유문자오천권
四碗發輕汗 사완발경한
平生不平事 평생불평사

盡向毛孔散 진향모공산

五碗肌骨(膚)淸 오완기골(부)청

六碗通神靈 육완통신령

七碗喫不得也 칠완끽불득야

惟覺兩腋習習淸風生 유각양액습습청풍생

蓬萊山在何處 봉래산재하처

玉川子 乘此淸風欲歸去 옥천자 승차청풍욕귀거

山上群仙司下土 산상군선사하토

地位淸高隔風雨 지위청고격풍우

安得知百萬億蒼生 안득지백만억창생

命墮顚崖受辛苦 명타전애수신고

便從諫議問蒼生 편종간의문창생

到頭合得蘇息否 도두합득소식부

해 높이 길 반이나 아직도 졸음 깊은데

군장이 문 두드려 주공을 놀라게 하네.

간의 서신 보내왔다 이르기에 (보니)

흰 비단 봉해서 삼도인 걸쳐 찍었네.

봉함 여니 완연히 간의 얼굴 대한 듯

손으로 월단차 삼백 편을 어루만진다네.

듣자니 새해에 산속에 들면

봄바람에 잠들었던 벌레들 놀라 움직이네.

천자께서 아직 양선차를 맛보지 못해

온갖 풀들 감히 먼저 꽃피지 못한다네.

좋은 바람에 어느새 구슬 꽃봉오리 맺고

이른 봄 황금 같은 싹 뽑아낸다네.

신선한 찻잎 덖어 향기 샐까 잘 싸서 봉했으니

지극한 정성과 사랑 배었지만 사치는 아니라네.

천자께 올린 여분 왕공께 가야거늘

어인 일로 문득 산집에 이르렀나.

사립문 닫아걸어 세속 사람 하나 없고

사모에 머리 걸어 싸고 손수 끓여 마신다네.

바람에 이끌려 푸른 구름 쉼 없이 일고

흰 유화 잔면에 엉기어 윤기 흐르네.

한 잔을 마시니 입술과 목이 촉촉해지고

둘째 잔 마시니 고독과 번민이 없어진다네.

셋째 잔 마시니 시든 창자 더듬어 수많은 문사 떠오르고

넷째 잔에 땀방울 비치는 것은 평생 불평스럽던 일이

모두 땀구멍으로 흩어져 나오는 것이라네.

다섯째 잔을 마시니 온 몸이 맑아지고

여섯째 잔을 마시니 선령과 통한다네.

일곱째 잔은 채 마시지도 않았는데

양쪽 겨드랑이에 살랑살랑 맑은 바람 일고 있네.

봉래산이 어느 곳인가

나(옥천자) 이 맑은 바람 타고

내가 있던 곳으로(선계로) 돌아가려네.

산 위의 신선들이 아래 세상에 살고 있지만

지위는 맑고 높아 비바람 격했으니

어찌 억만 창생들의 목숨이 벼랑에 떨어지는 고생 알겠는가.

문득 간의에게 묻노니

창생들이 이제 숨 돌릴 수 있겠는가.

―노동, 「주필사맹간의신다」

## 주6 習習

습습의 뜻과, 습습이 들어간 여러 가지 표현을 모아보았다.

㉠ 習習籠中鳥 습습롱중조

어린 새가 나는 연습을 빈번히 하는 것.

―좌사(左思)

㉡ 習習谷風 습습곡풍

미세한 바람이 솔솔 부는 모양.

―『시경(詩經)』,「곡풍(谷風)」

春光融融 和風習習 憑在欄杆上

춘광융융 화풍습습 빙재난간상

봄빛이 가득하고 바람이 살랑살랑 부는데

난간에 의지해 서 있다.

―『유림외사(儒林外史)』

㉢ 성대하게 많은 모양.

㉣ 洋洋習習 양양습습

청아하고 조화롭게 잘 어울리는 모양.

―혜강(嵇康),「금부(琴賦)」

## ● 해설

좋은 차는 사람들의 마음을 열어서 선계에 이르게도 한다.

## 33

明月爲燭兼爲友 명월위촉겸위우
白雲鋪席因作屛 백운포석인작병
竹籟松濤俱蕭涼 죽뢰송도구소량
淸寒瑩骨心肝惺 청한영골심간성
唯許白雲明月爲二客 유허 백운명월위이객
道人座上此爲勝 도인좌상차위승

飮茶之法 客衆則喧 喧則雅趣索然

음다지법 객중즉훤 훤즉아취삭연

獨啜曰神 독철왈신
二客曰勝 이객왈승
三四曰趣 삼사왈취
五六曰泛 오육왈범
七八曰施也 칠팔왈시야

## 국역

밝은 달 촛불 되고 겸해서 친구도 되니

흰 구름은 자리 되고 또 병풍도 된다네.

죽뢰와 송도 소리 같은 차 끓는 소리 산뜻하고 시원하여

맑고 찬 기운이 깊은 마음속까지 깨우치게 한다네.

오직 흰 구름 밝은 달만 손님으로 삼고

윗자리에 도인 모시면 이 바로 승의 경지라네.


차를 마시는 법에는 손이 많으면 소란스럽고

소란스러우면 아취가 사라져 삭막해진다.

혼자 마시는 것은 신이하고

둘이 마시는 것은 아주 좋고

세넷이 마시는 것은 아취가 있고

대여섯이 마시는 것은 차분하지 못하고

일여덟이 마시는 것은 베푸는 것이다.

 주

주1 竹籟

대숲에 부는 바람 소리를 말한다.

주2 松濤

소나무에 부는 바람 소리로, 흡사 바다의 파도 소리 같아서 나온 말이다. 다른 표현으로 송뢰(松籟) 또는 송풍성(松風聲)이 있다.


주3 瑩骨

영(瑩)의 뜻으로 옥환(玉環), 선명(鮮明), 혹(惑), 옥색광결(玉色光潔), 맑다 등이 있다. 여기서 '뼈가 깨끗해진다'로 직역하면, 곧 '청한영골(淸寒瑩骨)'은 뒤에 나오는 '심간성(心肝惺)'과 합쳐서 형이상적이고 정신적인 것으로 해석이 가능하다. 다시 말하면 육체적인 뼈, 심장, 간 등을 깨끗하고 맑게 하여 제 기능을 다하게 하므로, 우리의 정신을 바르게 한다는 뜻이다.


주4 道人

해거도인 홍현주를 말한다.


주5 神

신령(神靈)이나 신이(神異), 영험(靈驗), 정신(精神), 초인적

(超人的), 신운(神韻), 신품(神品), 화(化) 등 다양한 해석이 가능하다.

신에 관해 제가(諸家)들은 유(幽, 그윽하다) (김대성, 《월간 다도》)로 보거나, 신비로움(윤병상)으로 해석했고, 그 외에는 그대로 신이라고 하고 말았다. 이는 다른 책에서 홀로 마시는 것을 유(幽)로 쓴 곳이 있기 때문에 나온 주장이다. 신(神)에 '그윽하다'는 뜻은 없다. 그런데 신이(神異)는 해석상 무리가 없는 듯하다. 혼자서 차를 마시는 것은 이미 선(禪)의 경지에 접근하고 있고, 깊은 정신세계에서 우유(優遊)하고 있으니, 평상적인 것과는 다른 신이(神異)를 맛보는 것이 아니겠는가. 한편 '화(化)'의 뜻으로 보아 일상을 초탈한 경지에 이르렀음을 말한다고도 볼 수 있겠다.

### 주6 泛

범(泛)자는 여러 가지 뜻을 갖고 있다.

㉠ 뜰 범

㉡ 넓을 범(汎)

㉢ 덮을 봉

㉣ 물소리 핍

이 중 ㉠, ㉡번의 뜻으로 보아 '일반적으로', '평범하게'로 해석하는 것이 무난하다. 이는 차를 심오한 의미로 마신다기보다는 일상적인 음료처럼 깊은 의미를 두지 않고 마신다는 뜻이다.

### 주7 施

'베풀다'는 뜻을 좀더 확대해 보면, 차의 정신적인 부분은 나타내기는 힘들고 다만 '나누어 마신다'는 뜻으로 해석할 수 있다. 그래서 어떤 이는 끽다(喫茶)와 시다(施茶)를 구분하기도 한다.

飮茶以客少爲貴 客衆則喧 음다이객소위귀 객중즉훤

喧則雅趣乏矣 훤즉아취핍의

獨啜曰神 二客曰勝 독철왈신 이객왈승

三四曰趣 五六曰泛 七八曰施 삼사왈취 오륙왈범 칠팔왈시

차를 마실 때는 다객이 적은 것을 귀하게 삼으니

손이 많으면 시끄럽고, 시끄러우면 아취가 적어진다.

혼자 마시는 것을 '신'이라 하고

둘이 마시는 것을 '승'이라 하고

서넛이 마시는 것을 '취'라 하고

대여섯이 마시는 것을 '범'이라 하고

일여덟이 마시는 것을 '시'라 한다"고 나온다.

―도륭(屠隆), 『고반여사(考槃餘事)』

『다록』에서는 처음의 '신(神)'이 '유(幽)'로 전한다.

**一人得神 二人得趣** 일인득신 이인득취

**三人得味 六七人是爲施茶** 삼인득미 육칠인시위시다

한 사람이 마시면 '신'이요, 둘이서 마시면 '취'요,

셋이서 마시면 '미'요, 예닐곱 사람이면 차를 베푸는 것이다.

―『황산곡집(黃山谷集)』

**飮茶宜翰卿墨客 緇衣羽士**

음다의한경묵객 치의우사

**逸老 散人 或軒冕中之超軼世味者**

일노 산인 혹헌면중지초질세미자

차를 마시는 것은 높은 벼슬아치나 글하는 이나 승도나 도인,

그리고 한가히 자연에 묻혀 사는 늙은이나

혹 세속을 벗어난 귀인들에게 마땅한 것이다.

―서위(徐渭), 『전다칠류(煎茶七類)』


冲淡簡潔 韻高致靜 충담간결 운고치정

則非遑遽之時可得而好尙 즉비황거지시가득이호상

맑고 깨끗하여 운치가 높고 고요하여서

황급하게 바쁜 때에 얻어서 즐길 것은 아니다.

―휘종(徽宗), 『대관다론』


## 해설

『동다송』을 지은 동기가 해거도인의 물음에 대답하는 것이었으니, 초의는 말미에서 해거도인에 대한 자신의 마음 일단을 표현했다. 혼자서 마시는 차야 원래 옆에 아무도 없어야 하니 말할 것도 없고, 자신이 해거도인과 함께 마신다면 더 이상 바랄 수 없는 좋은 찻자리가 된다. 그래서 둘이 마시면서 누릴 수 있는 가장 아름다운 장면을 그려보는 것이다. 어쩌면 그것이 초의의 희원이었을 것이다.

## 부(附)

草衣新試綠香烟 초의신시녹향연
<sub>주1</sub>
禽舌初纖穀雨前 금설초섬곡우전
<sub>주2</sub>
莫數丹山雲澗月 막수단산운간월
<sub>주3</sub>
滿鐘雷笑可延年 만종뇌소가연년
<sub>주4</sub>

申承旨白坡居士題 신승지백파거사제
<sub>주5</sub>
申獻求 신헌구

● 국역

초의가 햇차 달이니 녹향이 피어오르고
가느다란 곡우 전의 차, 새의 혀 같다네.
단산의 운감과 월간을 좋다 하지 말라.
잔 가득한 뇌소가 오래 살게 한다네.

신승지인 백파거사(신헌구)가 쓰다.

주

**주1 綠香烟**

녹색 향기라기보다는 녹색 어린잎으로 만든 차이기에 붙인 말이다.

**주2 禽舌**

금(禽)은 새의 일반적인 칭호이기도 하나, 여기선 물총새를 말한다. 조그만 물총새의 혀가 얼마나 작겠는가. 따라서 그 찻잎이 유난히 작음을 강조한 말이다. 이른바 작설(雀舌), 작설(鵲舌), 학설(鶴舌), 조취(鳥嘴), 옹조(鷹爪) 등보다 작게 표현하려고 쓴 말이다.

**주3 雲澗月**

[20]의 주3(231쪽)을 참고한다.

**주4 滿鐘雷笑**

만종(滿鐘)은 '잔(종) 가득한'의 뜻이고, 뇌소(雷笑)는 '경뇌협(驚雷莢)'이라고도 하는 차 이름이다. [13]의 주1(161쪽)을 참고한다.

주5 **白坡**

백파(白坡) 신헌구(申獻求, 1823~?)의 본관은 고령이다. 응모(應模)의 아들로 자(字)는 계문(季文), 호(號)는 백파거사(白坡居士)였다. 1862년(철종 13)에 정시(庭試) 병과에 급제하여 승지(承旨)를 지냈다.

그가 쓴 『초의문집』 발문에는 "초의 장로 의순은 근세에 게(偈)를 잘하는 사람이다. 내가 일지암에서 그의 시를 몇 편 보았는데, 모두 맑고 유원하며 깨끗하고 담담하여 정성을 다해 찌꺼기를 씻어내었다[艸衣長老意恂 卽近世之善偈者 余觀其所謂一枝盦二局詩 皆淸遠幽澹 淘滓煉精]"라 했다. 백파는 당시 초의와 선론(禪論)을 벌린 백파긍선(百坡亘璇)과는 다른 유학자이다.

● **해설**

초의가 해거도인에게 보내는 편지 끝에 신헌구가 붙인 발시(跋詩)이다. 초의가 만든 차가 중국 단산의 운감이나 월간보다 낫다는 내용이다.

## 부록

艸衣山人意恂 謹再拜上書于 海居道人隱几座前
  주1         주2            주3        주4

초의산인의순 근재배상서우 해거도인은궤좌전

仰問尊候萬安 憶昔辛卯 獲奉巾拂於淸凉松軒
  주5         주6       주7        주8

앙문존후만안 억석신묘 획봉건불어청량송헌

猥以微賤 蒙恤過情 深感香火緣深 翰墨恩重
         주9       주10         주11

외이미천 몽휼과정 심감향화연심 한묵은중

嘗聞草木之萌芽 難忘于故土

상문초목지맹아 난망우고토

人生發軔 每回首于恩門
     주12

인생발인 매회수우은문

雖鏟跡消聲於窮谷 豈草木無知之不若
  주13  주14              주15

수산적소성어궁곡 기초목무지지불약

但雲泥分 隔山海程遙
   주16    주17

단운니분 격산해정요

愴扣謁之無緣 時獻訊而未達
          주18

창구알지무연 시헌신이미달

古語有之 情楑則共一室而相忤

고어유지 정규즉공일실이상오

道合則隔千里而彌親

도합즉격천리이미친

與其慼慼於言相之難求 寧任坦蕩於道理之易親
　　　주19　　　　　　　　　주20

여기척척어언상지난구 영임탄탕어도리지이친

所以心香一炷 凝然不散於性天 張志和云
　　　　주21　　　　　　　　　　주22

소이심향일주 응연불산어성천 장지화운

以天地爲遽廬 日月爲燈燭
　　　　주23

이천지위거려 일월위등촉

與四海諸公 其處未嘗相隔

여사해제공 기처미상상격

此雖達人之見 未免猶滯言象之跡 古亦有言
　　주24　　　　　　　　주25

차수달인지견 미면유체언상지적 고역유언

眼皮蓋盡三千界 鼻孔盛藏百億身
　　　　　　　　　　주26

안피개진삼천계 비공성장백억신

如此鼻眼人人本具
　　　주27

여차비안인인본구

天地日月 在此眼中 運旋出沒 未嘗爲碍眼光
　　　　　　　　　　　　　　　　주28

천지일월 재차안중 운선출몰 미상위애안광

況此 一四海之內 焉有防碍而相隔也

황차 일사해지내 언유방애이상격야

千株松下對明月而煎秀碧湯
주29

천주송하대명월이전수벽탕

湯成百壽則 未嘗不思持獻道人
주30

탕성백수즉 미상불은지헌도인

思則便與明月 爲侍座側而爲勝

사즉편여명월 위시좌측이위승

此其所以不相隔礙之道理也
주31

차기소이불상격애지도리야

非別有個神通妙術而然也

비별유개신통묘술이연야

近有北山道人 承敎垂問茶道
주32　　　　주33

근유북산도인 승교수문다도

遂依古人所傳之意 謹述東茶頌一篇 以進獻
주34

수의고인소전지의 근술동다송일편 이진헌

語之未暢處 抄列本文而現之 以對下問之意
주35

어지미창처 초열본문이현지 이대하문지의

自爾陳辭亂煩 冒瀆釣聽 極切主臣

자이진사난번 모독조청 극절주신

如或有句可存者 無惜一下金鎞之勞<sub>주36</sub>

여혹유구가존자 무석일하금비지로

절사람 초의 의순이 삼가 해거도인이 앉으신 책상 앞에

재배하며 글을 올리나이다.

도인의 기력과 체후가 만안하옵신지요.

지난날 신묘년에 청량송헌의 춤이 있는 자리에서

받들어 모신 기회를 얻었던 생각이 떠오릅니다.

외람되게도 미천한 제가 지나친 정을 입었습니다.

향화의 정이 깊고 한묵의 은혜 중함을 사무치게 느꼈습니다.

일찍이 초목의 어린싹도 그가 생장한 땅을 잊기 어렵고

사람도 길을 떠나며 은혜를 베푼 집을 되돌아본다고 들었습니다.

비록 소리 없이 궁곡에서 자취를 숨기고 산다고 한들

무지한 초목과 (비교하여)

같지 않을 수(못할 수) 있겠습니까?

다만 구름과 흙탕물이 구분이 있고

산과 바다의 가는 길이 멀어서

가까이서 찾아뵙는 인연이 없고

때때로 문안드리지 못하는 것이 슬픕니다.

옛말에 정이 어긋나면 한 방에 있어도 서로 미워하고

도가 맞으면 천리를 격해 있어도

옆에 있는 것 같다고 하였습니다.

말씀과 모습을 구하여 얻기 어려워 몹시 슬퍼하기보단

차라리 도리로서 쉽게 가까워지는 드넓은 바에 맡기겠습니다.

(천지자연의 이치로 쉽게 가까워지는 것에 온통 맡기겠습니다.)

(이는) 아름다운 마음 속 한 등불(기도하는 오직 한 마음)이

천성대로, 흩어지지 않고 엉기는 까닭입니다.

장지화가 말하기를 "하늘과 땅으로 거처를 삼고

해와 달로 등불을 삼으면 온 세상의 여러분들과 더불어

그 처하는 곳이 서로 떨어진 것이 아니라"고 했습니다.

이 비록 달인의 견해이더라도

막힌 말의 자취라는 (평을) 면치 못할 것입니다.

옛말에 또 눈꺼풀로 삼천계를 덮고

콧구멍에 백만 사람을 담는다고 했으니

이와 같은 코와 눈은 원래 사람마다 갖추고 있는 것입니다.

하늘과 땅·해와 달이 이 눈 속에 있으니

움직여 돌고 나고 듦이 안광(眼光)에 장애가 되지 못합니다.

(그런데) 하물며 이 사해(四海) 안에 무엇이

(우리를) 막아 가릴 수 있겠습니까.

천 그루의 소나무 아래에서 달빛 받으며 수벽탕을 끓이다가

백수탕이 되기도 하니 (그때마다 이 물을)

도인께 가져가서 올리고 싶지 않을 때가 없었습니다.

생각하면 달밤에 함께 모시고 앉아

즐거워하고 싶은 생각이었습니다.

이런 마음은 멀리 있어도 서로 가린 것이 없는 도리이지

특별히 신통한 묘술이 있는 것은 아닙니다.

근자에 북산도인께서 다도에 관해 물으시는 분부 받들었다 하옵기에

옛사람들이 전해준 뜻에 의지해서

삼가 『동다송』 한 편을 지어 올립니다.

말로서 밝혀지지 않은 곳은

본문을 그대로 옮겨서 물으시는 뜻에 대답하였습니다.

진술한 말이 어지럽고 번거로워

듣고 싶어 하시는 바에 욕될까봐

주군을 모시는 신하처럼 조심스럽습니다.

혹 남겨둘 만한 구절이 있다면

한 차례 꼭 필요한 것을 골라내는 노고를 아끼지 마십시오.

## 주

**주1 山人**

산 사람. 즉 세속을 떠나 절에 살고 있는 사람으로, 승려를 뜻한다.

**주2 再拜**

일반인들은 보통 한 번 절하지만 아주 높은 이에게는 재배를 했다.

**주3 海居道人**

홍현주(1793~1865)의 호다.

**주4 隱几座前**

은(隱)은 '의지하다'의 뜻으로 해석한다. 따라서 은궤좌전은 '책상에 의지해서 앉은 자리 앞에'로 해석한다.

주5 仰問尊候

'우러러 묻노니 체후(존후, 높은 이의 건강 상태)가'라는 뜻이다.

주6 辛卯

초의가 해거도인을 만났던 1831년을 의미한다.

주7 巾拂

원래는 고대 무도(舞蹈)의 기구였는데, 후에 건무(巾舞)와 불무(拂舞)로 구분하게 되었다.

巾拂兩停 丸劍雙止 건불양정 환검쌍지

춤추는 건불이 양손에서 머무니, 두 환검도 함께 멈춘다네.

―포조(鮑照), 『문선(文選)』, 「무학부(舞鶴賦)」

沈約云 鞞鐸 巾 拂 古之遺風

심약운 비 탁 건 불 고지유풍

―『수서(隋書)』, 「악지(樂志)」

巾拂藝亦精 건불예역정

―『구당서(舊唐書)』

주8 淸凉松軒

당시 홍인문(興仁門) 밖에 있던 해거도인의 별서(別墅)로 추정된다.

주9 蒙恤過情

몽휼(蒙恤)은 '돌봄을 입다' 혹은 '사랑을 받다'의 뜻이고, 과정(過情)은 '분수에 지나칠 정도의 인정'으로 해석한다.

주10 香火

㉠ 향촉 혹은 향과 등불을 뜻한다.

香火瓦器猶存 향화와기유존

향촉을 피우던 질그릇들이 아직도 남아 있다.

―진서(晉書)

三山香火年年盛 삼산향화연연성

삼산에 기도드리는 것이 해마다 더해갔다.

— 원(元) 호용화(胡用和)

ⓒ 자손들이 조선(祖先)들에게 제를 올리는 것을 뜻한다.

不絶香火 불절향화

조상들에게 올리는 제사를 끊이지 않는다.

ⓒ 불법을 믿는 것을 말한다.

共結香火之緣 공결향화지연

香火有新緣 향화유신연

함께 부처와의 인연을 맺어서 새로운 연분으로 이어가다.

— 왕안석(王安石)

何當來世結香火 하당래세결향화

어찌 다음 세상에 부처와 인연을 가지리오.

— 소식

주11 翰墨

'붓과 먹'이라는 뜻에서 '시문(詩文)'의 뜻으로 해석한다.


주12 發軔

바퀴고임, 즉 수레를 머물게 했을 때 고였던 바퀴고임을 빼고 출발한다는 뜻이다.


주13 鏟跡

산(鏟)은 '대패'나 '깎다'의 뜻이니, '자취를 없애다'로 해석한다.


주14 消聲

소리를 죽이다. 즉 아무와도 연락하지 않는다.


주15 不若

일반적으로는 '같지 않다'로 해석하지만 여기선 '같지 않겠는가', 곧 '같지 않을 수 있겠는가' 또는 '못할 수 있겠는가'로 풀이해야 한다.

주16 雲泥分

'구름과 진흙탕의 차이', 곧 너무 큰 차이[天壤之差]를 의미한다. 여기선 해거도인과 초의의 신분 차이를 말한다.

주17 程遙

먼 거리, 즉 지역적인 거리가 멀리 떨어져 있다.

주18 時獻訊

때때로 문안을 드리다.

주19 慽慽

아주 슬프다. 슬퍼하다.

주20 坦蕩

아주 드넓은 것을 말한다.

주21 心香一炷

아름다운 마음속의 한 등불, 곧 '기도하는 오직 한결같은 정성'이라는 말이다.

주22 張志和

장지화는 당(唐) 장경(長慶, 820~824) 연간의 사람으로 자(字)는 자동(子同), 호(號)는 연파조도(烟波釣徒)라 한 무주(婺州) 금화인(金華人)이다. 안진경과 가까웠고 『현진자(玄眞子)』라는 저서와 「어자가(漁子歌)」라는 사(詞)를 지었다.

西塞山前白鷺飛 桃花流水鱖魚肥

서새산전백로비 도화류수궐어비

靑篛笠 綠簑衣 斜風細雨不須歸

청약립 녹사의 사풍세우불수귀

서새산 아래 백로 나니

물 위에 복숭아 꽃잎 뜨고 물 아래 쏘가리는 살쪄 있네.

청약립 쓰고 녹사의 걸쳤네.

부슬비 바람에 나부껴도 돌아갈 줄 모르네.

―「어자가」

주23 遽廬

거처(居處)를 뜻한다.

주24 **達人**

사물에 통달한 사람으로, 여기서는 장지화를 가리킨다.


주25 **滯言象之跡**

꽉 막힌 터무니없는 말을 뜻한다. 불가에서 상(象)은 진리와 불성을 뜻하므로 진리의 자취란 언어로 표현하는 것이 불가능하다.


주26 **盛藏**

가득 저장하다. 가득 담다.


주27 **如此鼻眼人人本具**

이 같은 코와 눈은 사람마다 가지고 있다. 이런 초인적인 힘, 즉 '불성은 모든 중생들에게 다 있다[一切衆生悉有佛性]'는 뜻이다.


주28 **爲碍眼光**

안광에 장애가 된다. 즉 보는 데 아무 영향도 없다.

주29 秀碧湯

[ 23 ]의 주2(265쪽)와 해설을 참고한다.


주30 百壽

[ 23 ]의 주2(265쪽)와 해설을 참고한다.


주31 不相隔礙之道理

서로 떨어져서 막혀 있지 않다는 도리, 즉 멀리 현상적으로는 떨어져 있더라도 마음으로는 함께 있다고 생각하는 것을 의미한다.


주32 北山道人

초의와 가깝게 지낸 변지화의 호다. 해남현감(海南縣監)과 진도부사(珍島府使)를 역임하고, 해거도인의 차에 관한 관심을 초의에게 전하여 『동다송』이 탄생하도록 했다.


주33 垂問茶道

수문(垂問)은 윗사람이 아랫사람에게 묻는 것을 말한다. 다도(茶道)는 찻잎을 따서 만들고 보관하여 끓여 마시는 모든 과정을 총칭한다.

### 주34 東茶頌

원래 '행(行)'이었는데 나중에 '송(頌)'으로 바꾸어 글의 격을 한층 격상시켰다고 할 수 있다.

### 주35 本文

고인들이 쓴 다서들의 본문을 말한다. 즉 '원문(原文)을 그대로'란 뜻이다.

### 주36 金鎞之勞

금비(金鎞)는 여인의 머리 장신구 중의 하나로 '금비치개'라고도 한다. 금비는 살촉처럼 생겼기 때문에 고대에 눈을 치료하는 기구로 사용되었다. 그래서 여기선 '꼭 필요한 것을 골라내기 위하여 불필요한 것을 없애다'는 뜻으로 사용되었다.

**金鎞裂其眼膜** 금비열기안막
금비치개로 눈을 열어 보이게 했다.

— 『열반경(涅槃經)』 8권

# 『동다송』 주해를 마치며

이상으로 『동다송』에 관한 주해를 열심히 해보았으나 마음속에 어딘지 미진함이 남는다. 초의가 쓴 원본이 전해지지 않고, 전하는 판본 대부분이 필사로 된 것이라 오탈자가 많아서, 시원스럽게 통하지 않는 부분들이 있기 때문이다. 앞으로 많은 후학들의 관심과 노력으로 밝혀지지 않은 부분들이 명쾌히 보완되기를 바란다.

한편, 『동다송』이 가지는 우리 다사(茶史)상의 의의는 한재 이목의 『다부』와 함께 실로 뚜렷하다 하겠다. 그러나 초의를 다성(茶聖)으로 추앙하는 일과 『동다송』을 육우의 『다경』에 비견하는 것에는 많은 이견이 있다. 이에 관해서 김명배는 『초의다서출전고』라는 글에서 여러 사람들의 견해를 자세히 밝히고 있다.

又東茶頌一篇 與桑苧書 相上下 우동다송일편 여상저서 상상하

또 동다송 한 편은 상저의 책(육우의 『다경』)과 우 아래를 가린다.

―윤치영(尹致英), '초의시고발(草衣詩藁跋)'


어느 의미에서 『동다송』은 조선의 『다경』이라 하겠고,
초의는 조선의 육우라 해도 과언이 아닐 것이다.

―문일평(文一平), 『다고사(茶故事)』


『동다송』과 『다신전』은 가히 한국 다도의 성전이요,
중국에서의 육우의 『다경』에 비견되는 명저이다.

―최범술(崔凡述), 『한국의 다도』


『동다송』을 '조선의 다경', '동국 다도의 성전' 등으로
평가하는 것은 지나친 과대평가라고 생각한다.

―김상현, '초의 선사의 다도관'

그러나 『동다송』을 가리켜
한국 다도의 성전 내지는 한국의 『다경』 운운하는 것은
과찬 과공의 언사라고 하지 않을 수 없다.

─한웅빈, '차문화의 흐름과 행다(行茶)의 이모저모'

우리는 어떤 분야에서 확고한 자리를 차지한 이들을 추어올려서 말할 때 흔히 '한국의 ○○○'라 표현하곤 한다. 이것은 어느 분야에서도 많이 들을 수 있는 말로 통한다. 그러나 그런 표현은 그 당사자나 대상물을 높이고 싶은 간절한 마음이 앞선 데서 나온 것이지, 실상 그 내용과 공적을 모두 냉정히 따져서 나온 말이 아닐 때가 더 많다. 더구나 그 비유되는 외국의 유명인보다 그 당사자가 더 우월할 때도 있을 텐데, 그런 비유를 쓰면 오히려 과소평가하는 결과가 될 수 있다.

즉, 우리의 선인이나 역사적 사물에 그런 비유를 하는 것이 실로 못마땅하다는 말이다. 장영실은 장영실대로, 이순신은 이순신대로, 초의는 초의대로, 그들 나름대로 가진 가치가 더 중요한 것이지 굳이 외국의 유명인과 비유해야 격이 높아지는 것은 아니다. 오히려 그 대상이 그런 말을 듣는다면 불만스러울 수 있고, 어떨 때는 자괴감으로 얼굴이 붉어질 수도 있지 않을까?

그런 의미에서 본다면 『동다송』은 『동다송』 그대로의 가치를 우리가 이해하고 자랑스럽게 여기면서 그 속에 서린 차의 정신을 기리면 되는 것이다.

## 『동다송』 원문 ❶ —『다송자본』

東茶頌承海道人命艸衣沙門意恂作

后皇嘉樹配橘德 受命不遷生南國 密葉鬪霰貫冬青 素花濯霜發秋榮姑射仙子粉肌潔 閻浮檀金芳心結 沆瀣漱清碧玉條 朝霞含潤翠禽舌

天仙人鬼俱愛重 知爾爲物誠奇絶 炎帝曾嘗載食經 醍醐甘露舊傳名

解酲少眠證周聖 脫粟伴菜聞齊嬰

丹郎毛仙示蕢引 蒸精

鼎食獨稱冠六情

潛壤不惜謝萬錢

醫腦傳異事

茸香取次生

巨唐尚食著百珍沁園

誰獨記紫英 唐德宗每賜同昌公主饌
其茶有綠花紫英之號

永嘉縣永稻餘 法製頭綱從此盛清賢名士誇為
一味蜓蜓稻餘
綠莊龍鳳轉巧麗 盡金成百餅 於丁小龍鳳團始
君謨以君謨以為末合西成餅上鐫以龍鳳紋供御者
者以金莊成末可丁茶 東坡詩紫金百餅費萬錢

真性 誰知自饒真色香 一經點染災
道人雅欲全其嘉曾向蒙頂手栽

那養得五斤獻君王吉祥蕤與聖楊花
傅大士自住蒙頂結菴種茶
凡三年得絕嘉者號聖楊花

雪花雲腴爭芳烈雙井日注喧江浙 何是道山新谷那月澗雲
蘇東坡詩雪花雨脚
何似月江新谷那月澗雲
谷簾泉試雙井茶詩
我得江南陸子羽為余圖品兩碧月澗
黃魯直以黃家雙井茶送東坡
日我家江南摘雲腴落硙霏霏雪不如

建陽丹山碧水鄉品題特尊
東國所產元相同 色香氣味論一功陸安之味蒙山藥古人高判兼兩宗
東茶記云或疑
茶品東國所產未必及中國以余親見之則茶品無異中國
陸子羽茶經日茶有味甘而不香者廣州茶
色香氣味皇藥李贊皇陸子羽
必以余家書喜云
陸子羽茶經日茶有味甘而不香者廣州茶

遠童振枯神驗速八耄顏如天桃紅
李白云玉泉真公年八十顏色如桃梨
此茗香清異于他所

還童振枯西令人長壽

雲澗月
趣閒齋聞覽
此徒效東茶萬人
日茶性新回
作其其味復作
末淡迫出日迎
世製茶多一精

色香氣味論一功蒙山藥古人高判兼兩宗

木覓山前獻海翁
唐蘇廙著十六湯品
第三日百壽湯人過百息水逾十
沸或以話限威以事序如取用之湯已失性矣殷鑑昭十

又有九難四香玄妙用

紫芛山房當其泉□味勝酥酪□者
□也□逝日一日別二日火三日□也□也
非造也外熱□生也□飲□也□明也□也
日味之□也□操□進□煮之□也浮
者牛火伏均何茶□兩有有真有有興粉□色
神具均何□茶也日兩此□四日有清者表然不
四五□取□□日蘭茶四也煮甘香也□□生
俗也□敗茗花墨菜田乾紫綠烹饞色□茶也□□不
好手笠名菜聞也□青紫綠烹饞色甚味不□茶浴可憐

何以教汝玉浮臺上坐禪眾何以
九難不犯四香全至味可獻九重供翠濤綠香
聰明四達無滯

入朝□講以蓋白□□□仙風玉骨自另種隣芛紫
□□朝□□□□□□仙風玉骨自另種隣芛紫
為下康慶公□□茗飛灰以淡茗茶者
火怒□□□□□□□茶者
吸畵

壅□甬雲根托神山稱方丈

筍穿雲根胡靴皺水紋
□穿雲根胡靴皺水紋

瀼上清夜露三昧手中上奇芬

道人晚出南山□手中有玄徵妙難顯眞精莫教體神分
來試烹茶三昧手中有玄徵妙難顯眞精莫教體神分
其採法□□□□□□進茶為□
後五日次□□□□□□新禾蝦去
□□□□□□□

茶

賜香爹顔之稚天地遂乎牢
老茶熟鍋中漸二沸始可以投茶不可緩待熟方退撥入鐺中止候湯沸則茶神不顯湯不足則茶神不發未熟則味苦者沉水勝則味寡色清氣洌兩壺後冷水蕩滌使凉潔否則減茶香矣罐熟則茶神不健壺清則水性當冷又冷則味寡色清氣洌兩壺後冷水蕩滌使凉潔否則減茶香矣

體神雖全猶恐過中正中正不過健靈倂

一傾玉花風生腋身輕已涉上清境
竹籟松濤俱蕭凉淸寒瑩骨心肝惺唯許白雲明月為二客道人座上此為勝

屏
月明
泡法云探湯純熟便取起光注小許潭冷罐熾敗出乃入茶葉量宜酌不可過多小則云...
川茶詩寄此以示花甸盧玉
三日越五六日泡一七八日說也

草衣新試綠香煙禽舌而纖穀雨前莫數丹
山雲澗月滿鐘雷笑可延年
松風檜雨到來和急引銅瓶藜竹爐待得壺聞俱寂后
一甌春雪勝醍醐

中冰吉白坡居士題

## 『동다송』원문 ❷ — 『경암본』(정영선 제공)

東茶頌承海道人命作

艸衣沙門意恂

閱翠禽古 李白云荆州玉泉
寺青谿諸山有茗
艸羅生枝葉如碧玉玉泉真
公常采飲

后皇嘉樹配橘德受命不遷
生南國蜜葉鬪霰貫冬青素
誠奇絶炎帝曾嘗載食經

天仙人鬼俱愛重知爾為物
食經云茶茗久服人有力悅
志

花濯霜發秋榮姑射仙子粉
肌潔閒浮檀金芳心結蘂樹
蘆菔如梔子花四白薔薇心
黃如金當秋開花清香隱然

醍醐甘露舊傳名 王子尙詰
于八公山道人設茶茗子尙
味之曰此甘露也羅大經瀹
湯詩松風檜雨到來初意引
銅缾離竹爐待得聲聞俱寂

云 沅泚漱清碧玉條朝霞舍

9-1

浚一甌春雪勝醍醐　解醒少

餘之餘氣相遺也因奠祀浚
八山常獲大茗宣城人秦精

眠證周聖（險編）
甬雅檟苦茶廣雅
荊巴間采葉其飲
醒酒令人少眠　脫栗伴菜聞

齊嬰（晏子食範）
晏子春秋嬰相齊景公
時食脫粟飯炙三（弋）五

八武昌山中採茗遇一毛人
長丈餘引精至山下示以叢
茗而去俄而復還乃擦懷中
橘以遺精〜怖負茗而敏

卯茗菜　虞洪薦餼乞丹邱
而已
仙示菜引秦精（神異記餘姚）
虞洪八山采
茗遇一通士牽三青牛引洪
至布瀑山曰予丹邱子也聞
子善具歙常思見山中有
大茗可相給祈子他日有甌

渚壞不惜謝萬錢　務妻少其

二子寡居好歙茶茗宅中有
古冢每歙輙先祭之二子曰
古冢何知徒勞人意欲掘去
之母禁而止其夜夢一人云
吾业此三百年饒卿子常歙
見毀頼相保護反享佳茗雖
潛壞朽骨豈忘翳桑之報及
曉於庭中復錢十萬

鼎食獨稱冠六情　張孟湯焚盞
茶冠六情溢味播九區　開皇
隨時進百和妙具殊芳
醫臘傳異事　神易其臘骨自　隋天帝微時夢
甬痛息遇一僧云　山中茗草　可治帝脈之有效於是天下
英之
法製頭綱從此盛清賢
名士誇焉永　茶經稱茶　永烏肥綠莊
龍鳳轉巧麗費盡萬金成百
餅
大小龍鳳團始於丁謂成
於蔡君謨以香藥合而成

始知雷笑茸香取次生
僧志崇製茶三品鷟笑自奉
萱草帶供佛紫茸待客云
歇茸香
林寺覺師上歸以龍鳳供禦者
以金莊成束裝詩紫金百餅
錢萬

巨唐尙食羞百珍沁園惟獨
點染失眞性　有眞香眞味眞
色　一經地物點
誰知自飲眞色香一經
萬寶全書茶首
道人雅欽全

記英英　主饌其茶有細花紫
　　唐德宗每賜同昌公梁便失其眞

其嘉曾向蒙頂手栽那養得
五斤獻君王吉祥蕊与睖楊
花
傅大士自住蒙頂結庵種
茶三年得絶嘉者號聖
楊花吉祥蕊共
五斤持故供獻　雪花雲腴爭

自景祐以來洪作雙井白祐芽
漸盛近世製作尤精其品遠
為草茶第一　建陽丹山碧
水鄉品題特尊雲澗月　闘茶齋
建安茶為天下第一孫樵送
茶焦丹邱曰晚甘候十五人

芳烈雙井日注喧江浙　東坡
達侍齋閣此徒東雷而搞非
江南妹乃足道山谷詩我嘉
卓花珠玠雲腴東坡至僧院僧
梵英葺治堂宇嚴潔茗飲芳
烈問此新茶耶英曰茶性新
舊交則香味復草茶成兩浙
兩浙之茶品曰注為第一

月團雲龕之品嘗用
晚甘候茶名茶山先生乞茗
疏朝華始浮雲鼇乙於晴
天午睡初醒明月雄々於碧
潤
東國所産元相同色香氣

味論一功陸安之味蒙山藥

我有乳泉把成羑碧百壽湯

古人高判無兩宗 東茶記云或疑東茶
之效不及越產以余觀之色
香氣味文無差異茶書云陸
安茶以味勝蒙山茶以藥勝
東茶蓋兼之矣有李贊皇
之湯已生性矣敢問蟠髻蒼
伍以持故木覓山前獻海翁
唐蘇廙著十六湯品茅三日
百壽湯人過百息木逾十沸
或以詁阻或以事廢如取用

陸子羽其人必以余言為然
也

顔之老夫遠乎執芳扶矢以
取中宁遠乎雄潤失以邁
地芳氣兩賦取者也琢而為
遠乎萧八日芳碧湯石凝天
遠童振枯神驗速八耋顔如
大桃紅李白云玉泉真公年
八十顔色如桃李此
有也近酉堂大爺南遇頭

若香清異于他飲以賦遠童
振枯而令人長壽也

花芳猶在焉其湯不良未之
有也近酉堂大爺南遇頭
鞘一宿棠芋山房嘗其泉曰
味勝酥酪

又有九難四香玄妙用茶

茶經云茶有九難一曰造二曰別三曰器四曰火五曰水六曰末七曰煑八曰飲陰採夜焙非造也嚼味嗅香非別也膻鼎腥甌非器也膏薪庖炭非火也飛湍壅潦非水也外熟內生非炙也碧粉飄塵非末也操艱攪遽非煑也夏興冬廢非飲也

茶有真香有蘭香有清香有純香表裏如一曰純香不生不熟曰清香火候均停曰蘭香雨前神具曰真香此謂四香

何以教汝玉浮臺

上坐禪衆

智異山花開洞茶樹羅生四五十里東國茶田之廣料無過此者洞有玉浮臺臺下有七佛禪院坐禪者常取老葉曬乾燃薪煑鼎如烹菜羹濃濁色赤味甚苦澁政所云天下好茶多爲俗手所壞

九難不犯四香全至味可獻

九重供翠濤綠香繞八朝

于心君茶序曰茶以青翠爲勝碾飛綠屑又云茶以藍白爲佳黃黑江音俱不取以藍白爲上翠濤爲中黃八品雲濤爲上翠濤爲中黃

詩為下陳槖公詩綱陰䫉盖
靈中試旆竹爐水討松火怒
耗水支以淡茗戰以肥
綠香滿路永日忘故　聰明
四達無滯癰刉肓靈根托神
山稱方丈　仙風玉骨自另
智異山世

種綠芽葉筍穽雲根胡靴鞾
茶經云生爛石中者次
臘皺水紋者為上礫壤者次
之又曰谷中者為上花開洞
茶田皆谷中爰爛石笑茶書
綠者次之其狀如胡人靴者戲
又言茶紫者為上皺者次之
絲者次之如筍者為上似芽

者次之其狀如胡人靴者戲
縐然如犂牛臆者廞沿然如
輕飇拂衣者涇漾然
此皆茶之精腴也　吸盡瀼
乙清夜露三昧手中上奇芬
茶書云採茶之候貴及時太
早則茶不全遲則神散以穀
雨前五日為上後五日次之
後五日又次之然驗之東茶
穀雨時也其徹夜無雲浥露
採者為上日中採者次之陰
雨下不宜採　兜率禪師詩
曰道人曉出南屏山　中有玄
點　來試點茶三昧手

體神雖全猶恐過中失正茶重則味苦香沈水
微妙難顯真精莫教體神分膣則味寡色清兩壺浚又冷
造茶篇云新採揀去夫葉熱水萬滌使壺凉潔否則減茶
鍋焙之俟鍋極熱始下茶葉慧香盖罐熟則茶神不健壺清
妙火不可緩待熟方退微以則水性當靈稍候茶水冲和
篚中輕團枷數適復下鍋中然后令布醞釀不宜早飲則
漸々減火焙乾為度中有玄則茶神不發飲不宜遅々則
微難以言顯泉品云茶者水妙馥先消評曰采盡其妙造

體神雖全猶恐過中心中正盖其精水得其真泡得其中
題真神非真水莫顯其體体與神相和健與灵相併至
之神水者茶之体非真水莫此而盡矣 一傾玉花風生腋身
不過健靈併 泡法云探湯純已淡上清境
熟便取起先注道盡笑陳簡齋茶詩曰玉花句
壺中小詐溫祛冷氣倾出然軽當此玉花
后投茶葉多寡宜的不可過盧仝茶歌唯覓
兩腋習々生清風 明月為燭

無爲友白雲鋪席因作屛竹籟松濤俱蕭凉清寒瑩骨心肝惺惺惟許白雲明月爲二客道人座上以爲勝飮茶之法客衆則喧喧則雅趣索然師歠曰神二客曰勝三四日趣五六日泛七八日施也

艸衣新試綠香煙禽舌初纎穀雨前莫數丹山雲澗

月滿鍾雷笑多延年

白坡居士題

## 참고문헌

**|국내 단행본|**

고영섭, 『한국불학사』, 연기사, 2005

고영진, 『조선시대사상사를 어떻게 볼 것인가』, 풀빛, 1996

김명배, 『다도학논고』, 대광출판사, 1999

김명배, 『한국의 다서』, 탐구당, 1984

김성원·안길환, 『노자와 장자의 철학사상』, 명문당, 2002

김용덕, 『한국의 풍속사』, 밀알, 1994

김운학, 『한국의차문화』, 이른아침, 2004

김정배, 『한국민족문화의 기원』, 고려대출판부, 1973

라이샤워·페어뱅크, 『동양문화사』, 전해종·김한규 옮김, 을유문

화사, 1987

류건집, 『동다송 주』, 심수연학회, 2006

류건집, 『한국차문화사 상·하』, 이른아침, 2007

박영희, 『동다정통고』, 호영출판사, 1985

변태섭, 『한국사통론』, 삼영사, 1992

영목대졸, 『선이란 무엇인가』, 조벽산 옮김, 홍법원, 1995

예용해, 『차를 찾아』, 대원사, 1997

윤경혁, 『차문화고전』, 홍익재, 1999

윤경혁, 『차문화연보』, 홍익재, 2005

이기백, 『한국사신론』, 일조각, 1976

이상백 외, 『한국사』, 을유문화사, 1962

이태진, 『조선유교사회사론』, 지식산업사, 1989

장자, 『장자』, 김성동 옮김, 을유문화사, 1963

정상구, 『다도사상과 다사』, 한국문학사, 1982

정성본, 『선의 역사와 사상』, 불교시대사, 2000

정영선, 『다도철학』, 너럭바위, 2000

정영선, 『동다송』, 너럭바위, 2002

조지훈, 『한국문화사서설』, 탐구당, 1964

쨩유화, 『점다학』, 보이세계, 2008

차주환 외, 『동양의 지혜 '사서'』, 을유문화사, 1965

천병식, 『역사 속의 우리 다인』, 이른아침, 2004

초의문화집행위원회, 『초의전집』, 1996

최규용, 『금당다화』, 이른아침, 2004

최범술, 『한국의 다도』, 보련각, 1973

최차란, 『한국의 차도』, 화산문화, 2002

통광 역주, 『초의차선집』, 불광출판사, 1996

한국정신문화연구원, 『한국사연표』, 동방미디어, 2004

허홍식, 『한국중세사회사자료집』, 아세아문화사, 1972

홍진표 외, 『한국사상대전집』, 동화출판사, 1972

효동원 편, 『다향선미』, 효동원, 1986


### |국외 단행본|

구기평, 『다경도설』, 절강촬영출판사, 2003

완호경 외, 『중국고대다엽전서』, 절강촬영출판사, 1999

유원장, 『개옹다사』, 조선총독부 본, 1936

장만방, 『중국다사산론』, 과학출판사, 1989

주자진 외, 『중국다엽역사자료선집』, 농업출판사, 1981

창양경, 『중국양생문화』, 상해고적출판사, 2001

포목조풍, 『다경상해』, 담교사, 2001

황지걸 외, 『준생팔전 다경』 과학기술문헌출판사, 2000


**|전집류 및 정기간행물|**

김명배, '『동다송』해석의 오류에 관하여', 《차의 세계》 2006년 7월호

민족문화추진회, 『한국문집총간』(인터넷 검색)

용운, '동다송', 《월간 다도》, 2000~2001년 연재

한국차학회, 『한국차학회지』 1~12

## 찾아보기

**ㄱ**

건차 185, 217, 219, 223, 226, 231
「걸명소」 33, 82, 84, 229, 235, 238
『경암본』 162, 163, 376~384
고차수 203
곡아 205
권돈인 19, 48, 67, 69
「귤송」 96, 102
『기다』 8, 19~26, 84, 252
김노경 64, 66, 268
김대성 152, 217~286, 309~345
김명배 85, 151~171, 217~281
 310~385
김상현 84, 369
김시습 300, 301
김이양 77
김정희 7, 48, 66
김천택 23
김홍도 24, 77
『끽다양생기』 40

**ㄴ**

나대경 84, 118, 119
「냉천정」 62
노동 108, 237, 240, 260, 335, 339
『논어』 121
뇌명차 165, 166, 205, 207, 234

**ㄷ**

『다경』 32~67, 84~157, 173~180
 217~239, 274~311, 368~370
『다록』 16, 26, 126, 185~196
 284, 301~325, 347
『다보소서』 283
『다부』 8, 25, 368
『다사』 108, 162, 260
다산초당 29, 39
『다소』 97, 329
『다송자본』 83, 89, 138, 163, 372~375
『다신전』 5~26, 81, 194, 315, 322
『다예관본』 95~119, 132~163
 230, 276~333
단차 60, 185, 207, 217~226

찾아보기 389

| | |
|---|---|
| 담제도인 | 119 |
| 대소용단차 | 191 |
| 도잠 | 59, 142, 245 |
| 『동다기』 | 21, 26, 248, 251, 252 |
| 동정수 | 60, 61 |
| 떡차 | 181, 182, 253, 296, 302, 308, 309 |

## ㅁ

| | |
|---|---|
| 『만보전서』 | 16, 26, 81~85, 193, 196, 197, 275~284, 305~319 |
| 만춘은엽 | 205 |
| 맹호연 | 320 |
| 모환문 | 84, 126, 194 |
| 『몽게시첩』 | 76 |
| 몽치아 | 205 |
| 몽정감로 | 205, 206 |
| 몽정로아 | 205 |
| 몽정석화 | 202, 205, 206 |
| 몽정차 | 201, 203, 208 |
| 몽정황아 | 205, 206 |
| 문일평 | 369 |
| 문징명 | 40, 67 |

## ㅂ

| | |
|---|---|
| 백수탕 | 262~266, 270~272, 357 |
| 벽파 | 92 |
| 병차 | 20, 60, 130, 223, 225, 226 |
| 『본초강목』 | 116 |
| 『북원별록』 | 182, 189 |

## ㅅ

| | |
|---|---|
| 『사고전서』 | 139~161, 172, 199, 209 |
| 『사고전서본』 | 133, 147, 153 |
| 『사기』 | 92, 133 |
| 『사원』 | 121, 157 |
| 『사천통지』 | 165, 166, 209 |
| 산차 | 20, 217, 225, 226, 270 |
| 서유구 | 77 |
| 서정흠 | 152, 217 |
| 『석오본』 | 95~119, 138~163, 314~333 |
| 소용단 | 187 |
| 수벽탕 | 262~265, 270~272, 357 |
| 수품가 | 60 |
| 『신농본초』 | 116 |
| 신농씨 | 114~116 |
| 신위 | 24, 46, 67, 77 |
| 「신차」 | 39, 40 |
| 신헌구 | 83, 165, 349, 351 |
| 실화상봉수 | 98 |

## ㅇ

| | |
|---|---|
| 안영 | 132, 133 |
| 『안자춘추』 | 133, 135 |
| 야운 선사 | 92 |
| 연고차 | 180~185, 220, 223~226 |
| 『예천명』 | 54 |
| 옥엽장춘 | 205 |
| 『완당전집』 | 70~72 |
| 왕건훈 | 217 |
| 왕사정 | 48 |
| 용봉단 | 181~187, 191 |

| | |
|---|---|
| 용운 | 85, 164, 249, 272, 285, 309, 327, 388 |
| 우전 | 38, 58 |
| 유원장 | 108, 164, 208, 260, 387 |
| 육우 | 21, 34, 58, 60, 61, 84, 126, 214~239, 254, 368 |
| 윤경혁 | 217, 232, 271, 285, 321, 386 |
| 윤병상 | 152, 217, 271, 286, 321, 327, 345 |
| 윤치영 | 83, 369 |
| 이덕리 | 19, 20, 24~26, 84, 252 |
| 이만용 | 77, 79 |
| 이명오 | 77 |
| 이백 | 103~108, 242, 255~259 |
| 이상계 | 27 |
| 이청 | 30 |
| 일지암 | 5, 15, 81~93, 269, 271, 351 |

## ㅈ

| | |
|---|---|
| 『자천소품』 | 264 |
| 작설 | 105, 205, 221, 301, 350 |
| 장사유 | 246 |
| 장원 | 16, 194, 284 |
| 정약용 | 23~30, 77~84, 251 |
| 정영선 | 83, 151, 164, 217, 233, 249, 271, 285, 310, 321 |
| 정학연 | 30, 77, 80 |
| 정학유 | 79 |
| 정학포 | 30 |
| 조여려 | 182, 189 |
| 『중국차문화대사전』 | 101, 206 |

## ㅊ

| | |
|---|---|
| 『채다론』 | 194 |
| 천의무봉 | 77 |
| 「초당곡」 | 27 |
| 『초사』 | 73, 96, 102 |
| 초차 | 211~215, 217~226 |
| 최범술 | 369, 387 |
| 치자 | 95, 102 |
| 「칠완다가」 | 240, 260 |
| 「칠지사」 | 117, 131, 135, 144, 148, 157 |

## ㅍ

| | |
|---|---|
| 『품다요록』 | 214, 217, 219 |
| 피일휴 | 102, 214 |

## ㅎ

| | |
|---|---|
| 『학림옥로』 | 84, 122, 127 |
| 학원차 | 58 |
| 한산자 | 93 |
| 한웅빈 | 370 |
| 한재 | 25, 32, 62, 368 |
| 허유 | 81, 269 |
| 허차서 | 97 |
| 혜장 | 24, 30, 36, 42 |
| 호거사 | 109, 334 |
| 홍현주 | 15, 25, 65, 74, 90, 267, 344, 358 |
| 황상 | 30, 79 |
| 훈납 | 70 |

## 東茶頌 註解 동다송 주해

초판 1쇄 발행  2009년 3월 11일
초판 2쇄 발행  2012년 3월 22일

지은이    류건집
펴낸이    김환기
펴낸곳    도서출판 이른아침

주소      서울시 마포구 마포동 324-3 경인빌딩 3층
전화      02-3143-7995
팩스      02-3143-7996
등록      2003년 9월 30일  제 313-2003-00324호
이메일    booksorie@naver.com

ISBN    978-89-93255-22-5  03810